REISEFÜHRER

OSTFRIESISCHE INSELN

Borkum | Juist | Norderney | Baltrum
Langeoog | Spiekeroog | Wangerooge

Silke Arends

OSTFRIESISCHE INSELN

Borkum | Juist | Norderney | Baltrum
Langeoog | Spiekeroog | Wangerooge

Koehlers Verlagsgesellschaft mbH
Hamburg

Ein Gesamtverzeichnis der lieferbaren Titel schicken wir Ihnen gerne zu.
Bitte senden Sie eine E-Mail mit Ihrer Adresse an:
vertrieb@koehler-books.de
Sie finden uns auch im Internet unter: www.koehler-books.de

Bibliografische Information der Deutschen Nationalbibliothek
Die Deutsche Nationalbibliothek verzeichnet diese Publikation in der Deutschen Nationalbibliografie; detaillierte bibliografische Daten sind im Internet über http://dnb.d-nb.de abrufbar.

ISBN 978-3-7822-1027-0

Lektorat: Anne Schlesier
Layout: Inge Mellenthin
Produktionsmanagement: impress media GmbH, Mönchengladbach

Printed in Germany

INHALT

RUNDUM MEERBLICK

Sie haben rundum Meerblick und eine Lage, um die sie viele beneiden: die sieben Ostfriesischen Inseln. Sieben Eilande, die mit den Salzwiesen vor den Festlandsdeichen und dem Watt zum Nationalpark Niedersächsisches Wattenmeer gehören – einem einzigartigen Lebensraum, der die Auszeichnung Weltnaturerbe trägt. Die Inselschwestern, die in der Insulaner-Hymne ***Die Sieben zum Verlieben*** besungen werden, faszinieren nicht zuletzt wegen ihrer Unterschiedlichkeit: Borkum hat eine bewegte Geschichte als Walfängerinsel und kann mit Hochseeklima prahlen. Juist wird auch »Zauberland« genannt und wartet mit 17 Kilometern Strand auf. Norderney hat das Prädikat ältestes Nordseebad, war einst Sommerresidenz der hannoverschen Könige und ist heute das Eiland für Kurzentschlossene. Auf dem kleinen Baltrum hingegen hat die Beschaulichkeit das ganze Jahr über Saison, während sich auf der Insel Langeoog viele Sportbegeisterte rund um den historischen Wasserturm tummeln. Spiekeroog bietet ein grünes Dorf mit viel Geschichte, ein altes Gotteshaus und eine Museumspferdebahn. Wangerooge wiederum ist das Ziel vieler Heiratswilliger, die sich per Inselbahn auf den Weg zum Alten Leuchtturm machen, um dort ihre Ringe zu tauschen.

Auf Norderney spottete man in früheren Zeiten gerne mit einem Abzählreim über die sieben Eilande, in dem die Norderneyer ihre eigene Insel als städtisch deklarierten, indem man die »halbsatten« Nachbarn auf Juist ob ihrer Armut verhöhnte und den Borkumern nachsagte, dass sie sich mit Heugabeln stritten.

»Wangeroog hett 'n hoge Toorn,
Spiekeroog hett sien Naam verloorn,
Langeoog – de lange Strand,
Baltrum is 'n Bohntjeland,
Nördernee – de halve Stadt.
De Juister eten sük halv satt,
man kamen wi na Börkem,
dar steken s' sük mit Förken.«

Die Autorin Silke Arends ist an der ostfriesischen Nordsee geboren und kennt die sieben Inseln. Sie weiß, woher der Wind weht, wann die Fähren fahren, und sie kennt die Menschen, die seit Generationen stolz darauf sind, Insulaner zu sein.
Ob nun Borkum, das heutzutage mit der Maxime »Nordseeinsel unter weitem Himmel« wirbt, oder die Insel Wangerooge, die mit dem Motto »Erholung ist eine Insel« kokettiert:
Der individuelle Charme der ostfriesischen Eilande inspiriert. Erleben Sie sieben kleine Welten inmitten eines bizarr-schönen Wattenmeeres, das von jeher der Willkür der Gezeiten unterworfen ist.

AUF SAND GEBAUT UND VOM MEER BEWEGT

Die Ostfriesischen Inseln sind auf Sand gebaut. Im wahrsten Sinne des Wortes. Sie sind in erdgeschichtlich noch sehr junger Zeit als Düneninseln aus dem Meer entstanden. Das unterscheidet sie von den Nordfriesischen Inseln vor der Westküste Schleswig-Holsteins, die sich dereinst aus Fragmenten des Festlands bildeten. So wie die Anziehungskräfte von Sonne und Mond die Gezeiten bedingen, so war der Entstehungsprozess der Ostfriesischen Inseln dem stetigen Kommen und Gehen des Meeres und den Launen des Windes unterworfen. So ist es bis heute. Die See gibt. Die See nimmt. Die Menschen hierzulande sprechen davon, dass die Eilande wandern – und deren Bewohner tun es seit Jahrhunderten mit ihnen. Tatsächlich spült ein stetiger Strom aus Nordwesten Sand im Westen der Inseln fort, der hernach an deren Ostende wieder angeschwemmt wird. So kommt es, dass dort, wo dereinst manches Inselkirchlein stand, längst Wellen brechen.
Und so entwickelte sich auch jene Sandbank im Südwesten von Juist zu einer Insel, die als Vogelschutzinsel Memmert bekannt und geschützt ist. Nach der Brutzeit kann die Insel von Naturfreunden entdeckt werden – aber der Inselvogt zählt lieber die Schnäbel in den Vogelkolonien, als die Besucher des ansonsten unbewohnten Eilandes. Drei Kilometer nordwestlich von Memmert ist seit einiger Zeit eine weitere Sandbank dabei, Land gutzumachen. Die Kachelot-Plate (***cachalot***, französisch für Pottwal) ist inzwischen auf eine Länge von drei Kilometern angewachsen. Wie es mit diesem Insel-Nachwuchs weiter geht, ist eine Frage der (Ge)-Zeiten. So wie der Gezeitenstrom von jeher ein unwägbares Naturschauspiel ist. Eine spektakuläre, zweimal tägliche Inszenierung mit den bewährten Akteuren Ebbe und Flut. Bei Ebbe ziehen sich die Wassermassen durch die Seegats zwischen den Inseln zurück und geben vor der Küste einen amphibischen Lebensraum frei, der von Prielen und Schlickbänken durchzogen ist. Hier tummeln sich Überlebenskünstler wie der

Sandpierwurm, Schlickkrebse und Wattschnecken – begehrte Appetithappen für Abertausende von Zugvögeln, die im Watt rasten. Doch schon bald darauf flutet das Wasser unaufhaltsam zurück und nimmt das graue Areal wieder für sich ein. Experten haben herausgefunden, dass während einer Tide rund 200 Millionen Kubikmeter Wasser durch das Norderneyer Seegat – den Meeresdurchlass zwischen Juist und Norderney – in das Wattenmeer hineinbeziehungsweise herausfließen.

Kein Wunder also, dass dieses einzigartige, bizarr-schöne Terrain mit den Schutzbereichen Salzwiesen, Inseln und Dünen seit 1986 zum Nationalpark Niedersächsisches Wattenmeer gehört und 2009 zum Weltnaturerbe erhoben worden ist. So, wie es einen nicht überraschen muss, dass das Wattenmeer Rückzugsgebiet vieler geschützter Vogelarten ist. Dort, wo sich Seehunde auf Sandbänken rekeln und wo es Möwen wie Sand am Meer gibt. Letzteren wird es niemals langweilig. Ihr Lebensraum bietet ihnen nicht nur ein abwechslungsreiches Meeresfrüchte-Büffett, sondern auch viel fürs Auge. Wer die Besonderheiten des Weltnaturerbes Wattenmeer erleben möchte, dem sei deshalb ein Rundflug empfohlen – wo sonst kann man aus der Möwenperspektive auf 90 Kilometern eine schmucke Inselkette bestaunen. Dem sei aber auch eine geführte Wanderung über den für nur wenige Stunden freigelegten Meeresboden ans Herz gelegt. Dort ist jenes Knistern zu hören, das der norddeutsche Dichter Theodor Storm in seinem Gedicht »Meeresstrand« als »des gärenden Schlammes geheimnisvollen Ton« beschrieb. Ist die See zurück, wird jenes geheimnisvolle Geräusch von der Brandung überspült – doch die nächste Ebbe kommt bestimmt! Bis dahin kann sich der Strandgänger beim Muschelsuchen die Zeit vertreiben, ohne sie zu vergeuden. Im Land der Pharaonen hieß es nämlich, dass die Götter von der Lebensspanne eines Menschen jene Tage nicht abziehen, die er mit Muschelsammeln verbracht hat.

BORKUM

Insulaner sind selbstbewusst. Das gilt für die Borkumer ebenso wie für jene Leute, die seit jeher auf Wangerooge heimisch sind. Die Borkumer allerdings behaupten von ihrer Insel, dass sie der älteste namentlich bekannte Ort in Ostfriesland ist. Stolz feierten sie 1993 das 2.000-jährige Bestehen ihres Eilandes. Der antike griechische Geschichtsschreiber Strabon schreibt, dass der römische Heerführer Nero Claudius Drusus 12 v. Chr. eine Insel eroberte, die im Bereich des heutigen Borkum, Juist und Norderney gelegen haben soll und viel größer als das heute Borkum gewesen sein muss. Er nannte sie ***Byrchanis***. Doch nach Drusus kam 50 n. Chr. der römische Gelehrte Gaius Plinius Secundus Maior mit der Flotte des römischen Kaisers an die Nordseeküste, und der konnte anschließend einiges mehr erzählen. Dieser ***Plinius der Ältere*** genannte Geschichtsschreiber berichtete erstmals von einer friesischen Insel namens ***Burchana*** und davon, dass deren Bewohner ein geradezu bedauernswertes

Leben führten. Armselig würden sie auf Hügeln hocken und allein von wild wachsenden Bohnen und jenem leben, was das Meer ihnen überließe. So kam die Insel ***Burchana*** zu ihrem Titel ***Bohneninsel.*** Vermutlich wurde sie im frühen Mittelalter von den Fluten zerstört, und auf ihrem Kleisockel bildeten sich die Sandinseln Borkum, Juist und Buise. Vielleicht ging sie aber auch während der ***Ersten Marcellusflut*** im Jahr 1219 unter oder bei der ***Großen Manndränke*** 1362. Von dieser Katastrophe erzählen übrigens die ältesten erhaltenen Überlieferungen Borkums.
Das Ostfriesische Urkundenbuch gibt darüber Auskunft, dass aus der Insel ***Borkna*** (1270) schließlich ***Borkina*** (1379), daraus dann ***Borchum Ooge*** (1440) und zuletzt ***Borckum*** (1462) wurde. Dass c ging mit den Gezeiten verloren, doch in Erinnerung der Borkumer sind jene archäologischen Funde am Nordstrand ihres Eilandes, die als älteste Siedlungsreste einer Insel gelten, geblieben: ein Fassbrunnen aus dem 13. Jahrhundert und auch Tonscherben aus jener Zeit.
Wie es um das Selbstbewusstsein der Borkumer bestellt ist, verrät auch das Wappen der Insel. »Mediis tranquillus in undis« steht dort – »Ruhig inmitten der Wogen« –, ein Sinnspruch, der einem alten Kirchensiegel Borkums entnommen ist und bis heute Gültigkeit hat. Der Alte Leuchtturm, 1576 errichtet, ist ein Wahrzeichen Borkums und ebenso im Wappen zu finden, wie zwei Wale, die an die Blütezeit der Insel erinnern.
Das goldene Zeitalter Borkums nahm seinen Anfang anno 1713, denn in jenem Jahr begannen die Insulaner mit dem Walfang – als einzige der Ostfriesischen Inseln. Es heißt, dass seinerzeit 200 Borkumer in der Arktis, bei Spitzbergen, vor Grönland und bei der Insel Jan Meyen unterwegs waren – ein gefahrvolles, aber lohnendes Unterfangen, für jene, die wiederkehrten. Ob man als Kapitän, Steuermann, Harpunier, Speckschneider oder Decksmann an Bord war, entscheidend waren die gemeinschaftlichen Fangerlöse, und manch vergilbte Besatzungsliste aus jener Zeit weist schon junge Borkumer als Walfangkommandeure aus. Als einer der Ersten machte sich der Borkumer Pieter de Jonge mit einer Emder Walfangflotte auf den Weg in die Arktis. Von Roelof Gerritz Meyer (1710–1797)

wird erzählt, dass er der erfolgreichste Walfangkommandeur war, denn er fuhr über 44 Jahre ins ewige Eis und brachte in dieser Zeit 270 Wale zur Strecke – Walkinnladen, die Meyer von seinen langen Reisen mitbrachte, umzäunen noch heute, wenn auch arg verwittert, das ehemalige Haus des legendären Grönlandfahrers.

Doch es war seinerzeit auch die Handelsschifffahrt, die Borkum ein besseres Auskommen bescherte. So gab es um 1750 auf der Insel mehr als zwanzig Handelsschiffe, die vornehmlich die Route Amsterdam-Bremen-Hamburg befuhren. Für die Insulanerinnen hieß das jedoch, dass sie das Schicksal vieler Frauen teilten, die auf den Inseln und an der Küste lebten: ihre Männer wurden Opfer der See. So ist aus dem Jahre 1734 von Borkum bekannt, dass bei nicht weniger als einem Drittel aller Haushaltungen der Ernährer fehlte. Dass die erfolgreiche Ära Borkums dann doch zu Ende ging, lässt sich nicht dem fehlenden Mut der Insulaner zuschreiben. Der Englisch-Niederländische Krieg in den Jahren 1780 bis 1784, in den auch Frankreich involviert war, und später die von Napoleon verhängte Kontinentalsperre brachten den Walfang und die Schifffahrt Borkums innerhalb weniger Jahre zum Erliegen. Hatte die Insel 1774 noch 852 Einwohner, gab es 1806 dort nur noch 406 Frauen, Männer und Kinder. Im Jahre 1830 sprach man auf dem Eiland gar von »der tiefsten Armut aller Zeiten«.

Die Borkumer waren zum Umdenken gezwungen und erinnerten sich prompt an das Geschick ihrer Inselnachbarn etwas weiter östlich: Auf Norderney hatte man sich längst dem Seebäder-Gedanken verschrieben. Die Borkumer taten es den Norderneyern nach, aber zunächst mit wenig Erfolg. 1840 konnten noch nicht einmal 100 Gäste gezählt werden, zehn Jahre später waren es knapp 250 Sommerfrischler. Als die erste Bahnverbindung von Meppen nach Emden fertig war, wurde der Zuspruch vom Festland größer, und nachdem 1860 am Alten Leuchtturm das erste Hotel des Eilandes errichtet worden war, konnten die Insulaner 1865 schon 500 Fremdenbetten verweisen. Der touristische Fortschritt bescherte Borkum 1875 ein Warmbadehaus und alsbald auch eine 400 Meter lange Seewasserleitung. In dieser Ära entstanden auch der Neue Leuchtturm (1879) und der erste Teil der Inselbahn samt eines Bahnhofs (1888). Dass die Insel mit der Jahrhundertwende eine im besten Wortsinn stürmische Entwicklung erlebte, macht bis heute manch schmucke Hotelfassade an der Strandpromenade augenscheinlich.

ALTER LEUCHTTURM

Der Alte Leuchtturm steht auf den ältesten Grundmauern der Ostfriesischen Inseln und ist das Wahrzeichen von Borkum. Der ursprüngliche Kirchturm, der Anfang des 14. Jahrhunderts entstanden war und zur kleinen Inselkirche gehörte, diente den von See kommenden Schiffen am Tage als Navigationshilfe. Doch aufgrund des stetig wachsenden Seehandels forderten die Emder Kaufleute, in deren Hafen um 1570 mehr als 400 Schiffe beheimatet waren, eine Erhöhung des Turmes. Senat und Bürgerschaft der Stadt Emden ließen daher 1576 auf dem Standort des alten Kirchturms einen Turm errichten, der stattliche 41 Meter hoch war – verwendet wurden dabei auch Backsteine, die beim Bau des herrschaftlichen Emder Rathauses übrig geblieben waren. Eine Sandsteintafel, die in der Westwand des Turmes eingemauert ist, erinnert an die einstigen Auftraggeber aus der Seehafenstadt. 1817 wurde das Dach entfernt und eine kuppelförmige Laterne eingebaut – somit hatte der Turm nun ein Leuchtfeuer mit Öllampen, deren Schein bis zu einer Entfernung von sechs Seemeilen sichtbar war. Nachdem das Gebäude im Februar 1879 durch ein Feuer zerstört worden war, entschloss man sich zum Bau eines neuen Leuchtturmes. Der alte Turm wurde instand gesetzt, bekam eine Uhrenanlage und diente von 1895 bis 1921 als Wetterbeobachtungsstation der ***Deutschen Seewarte Hamburg***. Während des Ersten und Zweiten Weltkrieges wurde er für militärische Zwecke genutzt und beherbergte von 1945 bis 1948 die Seenotfunkstelle der Deutschen Gesellschaft zur Rettung Schiffbrüchiger. 1982 übernahm der Heimatverein Borkum e.V. den mittlerweile marode gewordenen Turm und machte es sich zur Aufgabe, das backsteinerne Kleinod für die Nachwelt zu erhalten. Mehr als 150 Stufen muss der Besucher hinter sich bringen, wenn er einen Blick von der Aussichtsplattform genießen möchte. In 40 Metern Höhe befindet sich ein Turmzimmer, das als ostfriesische Teestube und als Standesamt genutzt wird. Empfehlenswert: Eine Teestunde hoch über Borkum, bei der man ***Ditjes*** und ***Datjes*** über den Alten Leuchtturm erfährt, den die Borkumer liebevoll ***Olden Baas*** nennen; mehr unter www.heimatverein-borkum.de

Zu Füßen des Alten Leuchtturms befindet sich auf der historischen Kirchwarft ***de Walfangerkarkhoff***, dessen Instandsetzung ebenfalls auf das Engagement des Heimatvereins zurückgeht. Dort findet man Walknochen, Gräber und Leichensteine aus jener Zeit, die der Insel neben viel Wohlstand auch Leid bescherte. Die Grabmale mit Totenköpfen erinnern an die Schicksale jener unerschrockenen Borkumer Grönlandfahrer, die im Sarg von ihrer Eismeerreise zurückkehrten. Viele starben unterwegs an Krankheiten, bei Schiffshavarien oder während jener gefährlichen Jagdmanöver, bei denen ihnen die Fluke eines Wales zum tödlichen Verhängnis wurde. Übrigens: das Totenkopf-Symbol der Grabsteine entstammt dem niederländisch-reformierten Glauben, dem die Borkumer Gemeinde lange angehörte. Da die Insel seit dem 16. Jahrhundert unter starkem Einfluss der Niederlande stand, fiel es den Insulanern auch nicht schwer, bei holländischen Reedern anzuheuern.

BORKUMER KLEINBAHN

Nicht nur für Leute mit Eisenbahnfaible nach der Ankunft ein Vergnügen: die Fahrt mit der Borkumer Kleinbahn vom Anleger ***Borkum-Reede*** in das Zentrum der Insel. Die Strecke hat eine Länge von rund sieben Kilometern und unterwegs einen Haltepunkt am Jakob-van-Dyken-Weg. Die Inselbahn ist die eizige zweigleisige Schmalspurbahn und älteste Inselbahn Deutschlands. Die bunten Waggons tragen die Namen der Borkumer Naturgebiete und sind mit nostalgisch anmutenden Holzbänken ausgestattet. Ein Gefühl von ***anno dazumal*** stellt sich prompt ein, wenn man sich zu einer Fahrt mit der historischen Dampflok ***Borkum*** samt Bistrowagen entschließt – auf Wunsch auch mit Kaffee und Kuchen. Der Inselbahnhof wurde 1888 errichtet und liegt im Herzen der kleinen Stadt. Übrigens: Wer von hier aus gleich in die Bismarckstraße einbiegt, hat in wenigen Minuten das Meer zu seinen Füßen. Mehr unter www.borkumer-kleinbahn.de

BORKUMRIFF

Das Feuerschiff Borkumriff, das von 1956 bis 1988 etwa 18 Seemeilen nordwestlich von Borkum mit seinem Leuchtfeuer vor Anker lag, ist seit 1989 Museumsschiff und liegt im Inselhafen. Es ist zugleich ein Informationsstandort zum Nationalpark ***Niedersächsisches Wattenmeer***.

FRANZOSENSCHANZE

Wie alle ostfriesischen Insulaner litten auch die Borkumer unter der ***Franzosenzeit*** – jene Jahre, in denen Napoleon das Sagen hatte, die Kontinentalsperre verhängt wurde und somit der Seehandel zum Erliegen kam. Um den Schmuggel mit englischen Waren zu verhindern, wurde eine Truppe französischer Soldaten auf der Insel stationiert und im Jahre 1811 eine Schanze errichtet. Heute weisen ein Schild und die gleichnamige Straße auf die einstige Wallanlage hin.

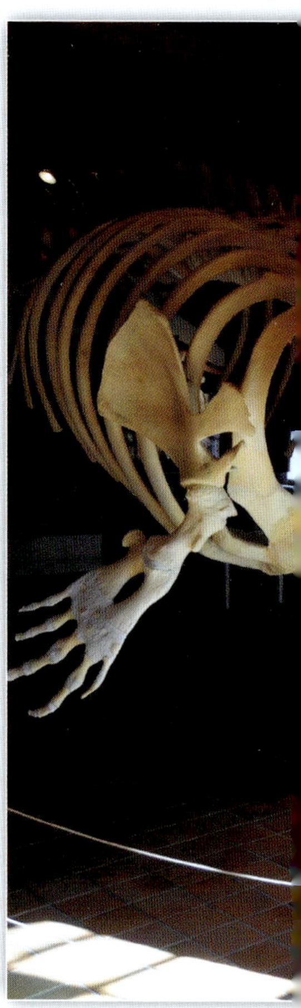

GREUNE STEE

Das künstlich angelegte Wäldchen im Inselsüden heißt ***Greune Stee*** (Plattdeutsch für ***Grüne Stelle***) – eine ausgedehnte Naturlandschaft, die Borkum sommers wie eine grüne Oase erscheint und einst von Rektor Anton Scharphuis und seinen Schülern angepflanzt wurde. In diesem Gebiet können sich Spaziergänger wie auch Radfahrer naturnah erholen – ausgewiesene Pfade machen das möglich. Zu entdecken gibt es Wasser- und Schilfflächen, beinahe mystisch anmutende Knüppelwege, knorrige Kiefern, Erlen und Birken, die dem steten rauen Nordseeklima ausgesetzt sind. Ein üppig bewuchertes Areal, in dem auch Sumpfvögel wie die Rohrweihe brüten. Apropos: Wer die Insel Borkum unter freiem Himmel kennenlernen möchte, der kann insgesamt auf rund 120 Kilometer schmalen Wegen wandern oder Radfahren.

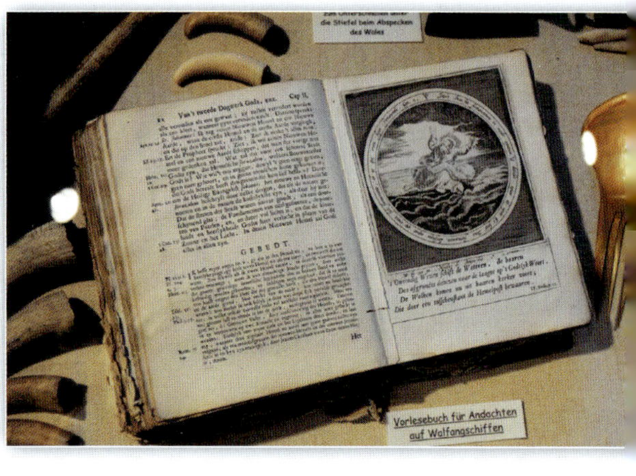

HEIMATMUSEUM DYKHUS

Wer durch die niedrige Eingangstür in das Heimatmuseum ***Dykhus*** tritt, ist im Nu beeindruckt: Ein lebendiges ***Sammelsurium*** zur bewegten Geschichte der Insel und ihrer Bewohner erwartet den Besucher. Ein Fundus an Exponaten, der schier unerschöpflich erscheint und den historisch

Interessierten durchaus zu mehreren Erkundungen verlocken wird. Bis 1958 diente der für Ostfriesland typische ***Gulf*** – der wie andernorts Heimstätte, Stallungen und Scheune unter einem Dach vereinte – noch als Wohnhaus. Heute findet sich im Vorderhaus unter anderem die ***Gute Stube***, in der sich der Wohlstand einer Borkumer Kapitänsfamilie widerspiegelt und gleich nebenan eine gemütliche Wohnküche – aufwendig mit holländischen Fliesen verziert. In der früheren Scheune wird unter anderem das Rettungswesen Borkums dokumentiert und die goldene Ära des Eilandes: die Zeit der Walfänger. Im Kleinen wie im Großen wird dieses abenteuerliche Kapitel der Inselhistorie vorgestellt: So erfährt der Besucher beispielsweise, dass es einst ein

TIPP

Mehr zum Museum in der Roelof-Gerritz-Meyer-Straße und zu den Öffnungszeiten unter www.heimatverein-borkum.de

Vorlesebuch für Andachten auf Walfangschiffen gab, und ihm imponiert zugleich ein 15 Meter langes Pottwalskelett, dass spektakulär von der Decke der Walhalle ***herunterschwebt***.

KIRCHEN

Drei Gotteshäuser finden sich auf der Insel, und die rund 5.300 Borkumer gehören zu je einem Drittel der evangelisch-reformierten, der evangelisch-lutherischen und der katholischen Kirchengemeinde an. Die evangelisch-reformierte Kirche wurde 1896/1897 im neugotischen Stil erbaut und bietet 800 Gläubigen Platz; die dazugehörige Gemeinde ist die einzige Inselgemeinde der reformierten Landeskirche. Das lutherische Gotteshaus wurde 1899 errichtet, nachdem auch Badegäste für seinen Bau gespendet hatten. Die katholische Kirche wurde 1880/1882 als Kapelle ***Maria Meeresstern*** von Kaplan Karl Boeddinghaus aus Münster »von Kurgästen für Kurgäste« gebaut. Der wachsende Tourismus machte diverse Erweiterungen nötig – heute hat die Kirche circa 450 Sitzplätze.

KLEINES UND GROSSES KAAP

Mit dem wachsenden Seehandel gelangte so mancher Schiffsführer gen Borkum, der sich in den Untiefen des Wattenmeeres nicht auskannte. Dass das nahe gelegene ***Borkumriff*** so zu seinem Namen ***Friedhof der Schiffe*** kam, muss einen also nicht verwundern. Viele Überlieferungen berichten davon, dass den Insulanern Strandungen – wie auf den Nachbarinseln – durchaus gelegen kamen. Auf Borkum entstanden neben den Leuchttürmen über die Jahrhunderte auch feste Seezeichen, sogenannte

Kaaps. Zwei backsteinerne Bauwerke aus dem Jahre 1872 sind bis heute erhalten: das zwölf Meter hohe ***Kleine Kaap*** befindet sich ***Am Westkaap***, das ***Große Kaap*** an der ***Kaapdelle***.

KLETTERPARK

Der Kletterpark im Kurpark lädt zum Kraxeln in seeluftiger Höhe ein und verspricht dabei einen einmaligen Blick aufs Meer. Die Parcours haben verschiedene Schwierigkeitsgrade. Abenteurer und Zuschauer sind willkommen.

KURHALLE

Sie war einst ***der*** Treffpunkt und ist es bis heute: die Kurhalle an der Bürgermeister-Kieviet-Promenade, die Ende der 1990er-Jahre komplett saniert worden ist. Die großzügige Wandelhalle wurde in den Jahren 1911 bis 1919 errichtet; in einer Ära, in der es die Sommerfrischler zwar an die See zog, man aber bevorzugt vom Fenster aus auf die vom Wind gepeitschten Wogen blickte. Die Wandelhalle bot seinerzeit Platz für 2.000 Besucher, die von dort aus so manchen ***verglasten*** Sonnenuntergang genossen.

MUSIKPAVILLON

Seit mehr als 100 Jahren thront der Musikpavillon gegenüber der Kurhalle – ein Borkumer Wahrzeichen, das 1911 erbaut wurde und wie kein anderes den einstigen Kulturgenuss der Kurgäste symbolisiert. Wie früher kann man hier in der Saison

KOFFIEKOEKJ

charmanten Musikvorträgen lauschen – während das Meer im Hintergrund rauscht. Die umliegenden Promenadencafés sorgen indessen für das leibliche Wohl und die Sonne gen Abend für ein himmlisches Schauspiel.

NORDSEEAQUARIUM

In den Becken des Nordseeaquariums, das sich an der Promenade zwischen Nord- und Südbad befindet, tummelt sich alles, was die Nordseetierwelt zu bieten hat. Wer sich zu Beginn seines Inselaufenthaltes dort schlaumacht, weiß später, was er am Meeressaum entdecken kann.

NEUER LEUCHTTURM

Nachdem ein Feuer den Alten Leuchtturm im Februar 1879 zerstört hatte, entstand aus über 1,5 Millionen schwarzbraunen Ziegelsteinen westlich des Dorfes ein neuer Turm – in einer Bauzeit von nur sieben Monaten. Der Neue Leuchtturm hat 315 Stufen, die zu einer Höhe von 60,3 Metern hinaufführen und dem Besucher bei guter Sicht einen schönen Ausblick über die Insel ermöglichen (während der Saison täglich). Wer nach Einbruch der Dunkelheit am Nordstrand spazieren geht, wird vom wandernden Signallicht des Turmes begleitet – so wie die Schiffe auf dem Meer, denn das Leuchtfeuer hat eine Reichweite von 24 Seemeilen.

Und dann gibt es noch jenen Turm an der Südwestseite der Insel, den die Borkumer ***de elektrische Toren*** nennen. Er kam zu seinem Namen, weil er der erste an der deutschen Küste war, der mit Strom betrieben wurde – aus einem eigenen Elektrizitätswerk. Das war insofern besonders, da die Insel selbst erst 1921 ein öffentliches Stromnetz bekam.

OSTLAND UND HOGE HÖRN

Die ersten Siedler ließen sich zu Walfangzeiten im Ostland der Insel nieder, um dort der Landwirtschaft nachzugehen – wenngleich der wenig fruchtbare Sandboden kaum Auskommen versprach. Bis heute sind in diesem Bereich einige alte Höfe erhalten. Für Ausflügler ist das Ostland ein beliebtes Ziel, denn dort locken zwei urige Lokale. Wer sich weiter in Richtung Osten vorwagt, erreicht das ***Hoge Hörn***, eine Inselnase, die man umwandern kann. Bei guter Sicht kann man von hier aus die Vogelinsel ***Lütje Hörn*** sehen.

STRANDBUDEN

Was wäre das Borkumer Strandleben ohne die Buden, die sich ganz unprätentiös an der Promenade aufreihen. Hier kann man an heißen Sommertagen Erfrischungen genießen, sich an kühleren Herbsttagen eine wärmende Hühnersuppe gefallen lassen oder den ersten Sanddorngrog des Jahres zelebrieren. Ein Klassiker: Bockwurst mit Kartoffelsalat. Ebenfalls ganz oben auf der Beliebtheitsskala: Milchspeisen mit was Süßem obendrauf – von glücklichen Borkumer Kühen.

SEENOTKREUZER

Seit 1988 ist der Seenotkreuzer Alfried Krupp der Deutschen Gesellschaft zur Rettung Schiffbrüchiger (DGzRS) im Hafen von Borkum stationiert.

TÜSKENDÖR UND WATERDELLE

Die beiden Naturschutzgebiete ***Tüskendör*** und ***Waterdelle*** befinden sich zwischen dem West- und dem Ostland, dort, wo bis 1864 jener Meeresdurchbruch verlief, der die Insel in zwei Fragmente geteilt hatte. Das Feuchtgebiet ***Waterdelle*** ist rund 87 Hektar groß und bietet Platz für viel schützenswerte Flora und Fauna. Der von den Gezeiten geprägte Wasserlauf, der die Insel seinerzeit trennte, nannten die Borkumer ***Tüskendör*** (Plattdeutsch für ***zwischendurch***). Mitte der 1860er-Jahre wurde ein Dünendamm errichtet, der die beiden Inselteile miteinander verband. Heute heißt das umliegende Naturschutzgebiet ***Tüskendör*** und der Baggersee mittendrin ***Tüskendörsee***. Auch hier fühlt sich manche Vogelart zu Hause, die andernorts nicht mehr zu finden ist – beispielsweise die Bekassine.

WALKINNLADENZAUN

Das wohl faszinierendste Relikt aus Borkums Vergangenheit befindet sich in der Wilhelm-Bakker-Straße: der Walkinnladenzaun vor dem ehemaligen Haus des Walfangkommandeurs Roelof Gerritz Meyer, der 1797 mit 87 Jahren starb. Rund 100 Kommandeure brachte die Insel im 18. Jahrhundert hervor. Der Domänenrat Blechen zu Greetsiel berichtete 1767: »Eine Reise nach Grönland gehet ordinär anfangs Martii an und ist die mehreste Zeit im Julio geendigt, auch wohl eher. Auf Borkum herrscht eine grosse Animosität und diese macht Borkum entweder glücklich oder hält Viele in dürftigem Stande. Das ist, ein Borkumer gibt nicht gerne einen schlichten Matrosen ab, sondern bewirbt sich lieber um ein Officium auf den Schiffen, welches sie unter sich Officiers nennen, es sei Commandeur, Harpunier, Bootsmann etc. Diese bekommen kein Monatsgeld wie die Matrosen, sondern anfangs nur ein Handgeld und dann von jedem gefangenen Wallfisch ein Gewisses. Gehet die Fahrt nun glücklich, so verdienen sie mehr als andere, fangen sie aber nicht viel oder nichts, so ist das Jahr verloren.« Meyer galt als der erfolgreichste Borkumer Walfangkommandeur. Er erlegte in den 44 Jahren, in denen er sich auf Grönlandfahrt begeben hatte, 270 Wale. Seit mehr als 250 Jahren trotzt sein stattlicher Walkinnladenzaun, der einst als Statussymbol galt, dem rauen Nordseeklima – und hinterlässt beim Betrachter heute ein gewisses Gruseln. Ein weiterer Walkieferzaun ist in der Roelof-Gerritz-Meyer-Straße zu entdecken – gleich gegenüber vom Alten Leuchtturm.

KURIOSES ZUR INSEL BORKUM:

Die Borkumer wurden früher spöttisch ***Kanienfreter*** (***Kaninchenfresser***) genannt, denn auf dem Eiland – wie auf den meisten der sieben Ostfriesischen Inseln – gab es einst reichlich viele von jenen Nagetieren, und sie galten als Alternative zu dem, was das Meer hergab. Auch ***Kohfladenbrenner*** (***Kuhfladenbrenner***) wurden die Borkumer bisweilen geschimpft, denn auf der Insel gab es kaum Heizmaterial, deshalb nutzten die Insulaner dazu den zuvor getrockneten Kuhmist.

Der Legende nach soll der berüchtigte Pirat Klaus Störtebeker in den Woldedünen auf Borkum einen Schatz vergraben haben. Auf diese Überlieferung geht ein niederländischer Reim zurück, der besagt, dass es den Insulanern nicht an Geld mangeln würde, wenn denn die Dünen nur erzählen könnten. »Indien de Wolde-Duynen konden spreken zolde 's de Borkumers aan de Geld niet gebreken.«

Klaasohm ist ein Brauch aus der Zeit der Walfänger, der bis heute am Abend des 5. Dezember zelebriert wird. Der Hintergrund: Wenn die Borkumer Männer dereinst von ihren Fangzügen aus dem Eismeer zurückkehrten, mussten sie feststellen, dass ihre Frauen in der Zwischenzeit das Zepter in die Hand genommen hatten – und sprichwörtlich die Hosen anhatten. Da die Walfänger das so nicht hinnehmen wollten, eroberten sie die Insel wieder für sich – unter Gewaltanwendung. So wurde es zur Tradition, dass die jungen Borkumer Männer alljährlich durch die Gassen ziehen und jene Frauen»achtern mit Kuhhörnern züchtigen, die sich nicht rasch genug in Sicherheit bringen können. Dieser »höchste Feiertag« der Borkumer wird vom Verein ***Borkumer Jungs von 1830*** ausgerichtet.

1860 wurde das europäische Festland über den Vorposten Borkum erstmals mit dem Rest der Welt telefonisch verbunden. Die von Emden kommenden Kabel wurden von der ***Kaapdelle*** aus über England und die Azoren nach Amerika und in die ganze Welt verlegt – so bekam das deutsche Kaiserreich seinen ersten Kabelanschluss.

Borkum ist die größte der Ostfriesischen Inseln, hat eine Fläche von knapp 31 Quadratkilometern, etwa 5.200 Einwohner und gehört zum Landkreis Leer. Die Insel ist tideunabhängig und wird mehrmals täglich von den Häfen Emden und Eemshaven (Niederlande) aus angefahren; die Fahrtzeit ab Emden mit der Fähre dauert circa zwei Stunden, mit dem Katamaran rund 60 Minuten. Autos können auf die Insel mitgenommen werden, jedoch ist der Autoverkehr dort in der Saison stark eingeschränkt (als Alternative fahren Busse und Taxis, Fahrräder kann man leihen); in Anlegernähe in Emden sind ausreichend Parkmöglichkeiten vorhanden (gebührenpflichtig). Auf der Insel angekommen, wartet die Borkumer Kleinbahn und bringt die Reisenden in den Ort; Infos: Reederei AG-Ems, Telefon: 01805/180182, www.ag-ems.de.
Wer per Flugzeug anreisen möchte, kann ganzjährig mehrfach täglich von Emden aus nach Borkum gelangen; Infos: OLT Emden, Telefon: 04921/89920, www.olt.de oder über Hamburg Air, Telefon: 040/70708890, www.air-hamburg.de

Tourist-Information Nordseeheilbad Borkum
Georg-Schütte-Platz 5, 26757 Borkum
Zimmervermittlung und Information
Telefon: 04922/933-0, Fax: 04922/933-104, www.borkum.de

Camping
Für Leute, die unter freiem Himmel Urlaub machen möchten, bietet das Eiland zwei Möglichkeiten: ***Insel-Camping Borkum*** heißt der eher stadtnahe Campingplatz, der für die ganze Familie allerlei Annehmlichkeiten bereithält; mehr unter www.insel-camping-borkum.de Die einsamere und ruhigere Alternative findet sich im Ostland inmitten einer Dünen- und Wiesenlandschaft auf einem der letzten bewirtschafteten Bauernhöfe der Insel und heißt ***Camping Aggen***; mehr unter www.borkum-aggen.de
Gezeitenland
Das »***Gezeitenland***« war zur Zeit seiner Eröffnung im Jahr 2005 das größte Meerwasserwellenhallenbad Europas. In seiner Bauweise mutet es an wie ein Ozeandampfer und bietet auf 8.000 Quadratmetern alles, was landläufig mit dem Begriff ***Wellness*** und Freizeitspaß im Wasser in Verbindung gebracht wird. Eine der Attraktionen: der ***Flow-Rider*** für jene Aktive, die auf Wellen reiten wollen; mehr unter www.gezeitenland.de
Hundestrände
Leinenzwang gibt es auf allen Inseln – auch an den Hundestrandabschnitten. Es gibt drei ausgewiesene Hundestrände: nördlich des Nordbades, südlich des Südbades und

am großen Strand östlich des FKK-Strandes bis zum Strandaufgang zum Wanderweg Richtung Ostland. Überdies gibt es einen Hundeauslauf südlich des Deckwerks in Richtung Hafen. In allen anderen Bereichen heißt es: Hunde müssen an der Leine geführt werden, denn große Teile Borkums gehören zum ***Nationalpark Niedersächsisches Wattenmeer***. Auch ein insularer Gästeservice: Es gibt eine Tierarztpraxis, und allenthalben finden sich Hundetütenspender.

Jugendherberge

Das Deutsche Jugendherbergswerk ist Betreiber der Jugendherberge ***Wattenmeer*** – sie ist in ihrer Art die größte Europas. Die Anlage in den Gebäuden der ehemaligen Marine-Seemannschaftslehrgruppe der Bundeswehr befindet sich auf einem 20 Hektar großen Gelände und bietet 530 Betten.

Kulturinsel

Borkums Veranstaltungszentrum nennt sich ***Kulturinsel***, befindet sich in der Goethestraße 25 direkt neben dem ***Gezeitenland*** und bietet dem Gast auch den klassischen»Leseraum. Auch gleich nebenan: das Kino, der Kurpark und die ***Spielinsel***.

Reiten

Auch in Sachen ***Pferd-und-Reiter-Urlaub*** zeigt sich Borkum gastfreundlich – der Strand und etliche Reitwege durch die Dünenlandschaft laden ein. Entweder kann man mit dem eigenen Pferd anreisen oder während seines Aufenthaltes auf ein ausgebildetes Schulpferd zurückgreifen. Auch Kuren für Pferde werden angeboten.

Schiffsausflüge

Während der Saison werden Ausflugsfahrten mit der ***Wappen von Borkum*** zu den Seehundbänken, zu den Nachbarinseln (Juist und Norderney), nach Groningen (über Eemshaven, NL) oder nach Helgoland angeboten; ebenfalls im Programm: ***Fahrten in See*** mit zollfreiem Einkauf; mehr unter www.borkumer-kleinbahn.de

Spielinsel

Bei jedem Wetter können sich Kinder tagsüber in der ***Spielinsel*** (Westerstraße 35) die Zeit vertreiben; dort werden auch kreative Kurse angeboten und eine kostenlose Betreuung für Kurgastkinder. Während der Saison gibt es überdies ein Animationsprogramm am Strand.

Wassersport

Ostfrieslands größte Insel hat ein Wassersportzentrum am Nordstrand, das dank des stetigen Frische-Brise-Potenzials Wind- und Kitesurfen (Kurse und Board-Verleih) sowie Segeln und Strandsegeln anbieten kann (Schulung und Verleih); mehr unter www.beachnet.de und www.strandsegelschule.de

JUIST

Juist wurde anno 1398 erstmals erwähnt. In jenem Jahr übertrug Häuptling Widzel tom Brok, der im Brookmerland das Sagen hatte, das Lehen über ***Borkyn, Just, Buise, Osterende, Balteringe, Langoch, Spiekeroch ende Wangeroch*** an Herzog Albrecht von Bayern, der seinerzeit auch Graf von Holland und Herr von Vriesland war. Die Chroniken berichten in den folgenden Jahrhunderten von ***meerbewegten*** Zeiten, in denen sich die See mehr und mehr Land verschaffte. 1570 wütete die ***Allerheiligenflut***, 1651 die ***Petriflut***, die das Eiland in zwei Teile riss – dabei

entstand ein Durchbruch, auf den der bis heute erhaltene Hammersee zurückgeht. So blieben der kleinere Westteil, die sogenannte ***Bill***, zurück und der größere Ostteil, wo später das neue Inseldorf stand. Die Juister indes waren derart verzweifelt, dass sie 1659 eine Bittschrift an ihren Grafen Enno verfassten, die Insel verlassen und sich auf dem Festland niederlassen zu dürfen. 1662 ging die alte Inselkirche im Meer verloren, 1715 kam die ***Fastnachtsflut***, und schon 1717 wurde die Insel von der ***Weihnachtsflut*** heimgesucht, die an der Nordseeküste nahezu 11.000 Opfer forderte. Für die Juister bedeutete das ein jedes Mal, dass sie wie Vagabunden über ihre zweigeteilte Insel ziehen mussten. Erst 1866 wurde die staatliche Wasserbauverwaltung aktiv und ließ im Süden den ***Hammerdiek*** errichten, 1932 konnte auch die Nordseite mit einem Deich geschlossen werden. So wie das Meer die Insel formte, so veränderte es auch ihren Lebensraum und dessen Bedingungen. Es ist nicht bekannt, wann und woher sie kamen, aber Juist galt lange als Insel der Wildpferde. Der spätere ostfriesische Kanzler Henricus Ubbius erwähnte 1530 in einem Bericht eine wild lebende und ungewöhnlich »schnellfüßige« Pferderasse, »die sich nur von den Kräutern oben an den höchsten Dünenkuppen unter

freiestem Himmel nährt«. Somit muss es nicht wundern, dass die Reitpferde des Grafen von Ostfriesland aus dem Geschlecht der Cirksena von Juist stammten – das belegt eine Urkunde aus dem Jahre 1584. Doch das Gestüt der Cirksena fiel letztlich auch den Fluten anheim, denn es gab kaum noch Platz für die Tiere. Als dann um 1750 die zwischen dem Festland und Juist gelegene Insel Bant versank, ging den Juistern auch diese Weidefläche verloren.

Wer arm an Land ist, geht zur See: So kam die Zeit, in der Schifffahrt und Wattfischerei zum Lebensunterhalt der Juister wurden – und der Inselvogt innerlich flehte, dass die »miserable Sandbrinke Juist« bei der nächsten hohen Flut untergehen möge. Daraus wurde zwar nichts, aber die Seefahrt begann sich auch für den Inselvogt zu lohnen, und der Norder Amtmann Damm konnte 1756 berichten, dass »ausgenommen die Stadt Emden an keinem Ort dieser Provinz so viele und schwere Schiffe wie von der Insel Juist fahren«. Die Männer waren auf Handelsschiffen unterwegs, wurden Matrosen oder Steuermänner oder verdingten sich bis in die 80er-Jahre des 18. Jahrhunderts als Walfänger. Diejenigen, die munter zurückkehrten, lebten in einem gewissen Wohlstand. Aber die guten Zeiten währten nicht lange. Sie endeten, als sich die Niederlande und England erneut um die Seemacht stritten und der Seehandel zum Erliegen kam. Und dann kam das Jahr 1783: Inselpastor Gerhard Otto Christoph Janus (1741–1805), der die Armut seiner Schutzbefohlenen leid war, brachte etwas zu Papier, das heute als ältestes Dokument der deutschen Seebädergeschichte gilt. Er bat als »alleruntertänigster Knecht« seinen »allerdurchlauchtigsten großmächtigsten König und Herr« im besagten Jahr um die Erlaubnis, zur »wahren Wohltat« der Insel eine Seebadeanstalt auf Juist einrichten zu dürfen. Der visionäre Geistliche lobte darin das Juister Klima, die Heilwirkung der Nordsee bei Rheuma, Gicht und Ausschlag und schrieb selbst dem Erbrechen bei der Überfahrt zur Insel reinigende Kräfte zu. Ob der Alte Fritz das Schreiben je gelesen hat, ist nicht bekannt. Sicher ist, dass das ***Collegium Medicum*** der Königlich-Preußischen Regierung in Aurich das Bittgesuch ablehnte und Janus' Hinweis auf das heilsame Erbrechen allein mit Spott bedachte – das, so das ***Collegium***, könne ein jeder »bequemer und wohlfeiler« zu Hause haben.

Ein wenig einträglicher wurde das Leben auf Juist erst Anfang des 19. Jahrhunderts, als sich Frankreich und England bekriegten und die Insel dank ihrer abgeschiedenen Lage zum Schmuggler-Ankerplatz avancierte – bis Napoleon seine Soldaten auf die Ostfriesischen Inseln schickte. Als Juist 1813 wieder preußisch wurde, kehrte mit der Ruhe auch die Armut zurück. Auf dem Eiland lebten 200 Menschen, als 1828 erneut eine Sturmflut hereinbrach und das ganze Dorf überschwemmte. Wieder war die Not groß. Die Regierung bewilligte 100 Taler, aber die waren nicht willkommen. »Für das Geld kann man hier nichts kaufen«, schrieb der Inselvogt an die Obrigkeit, die daraufhin unter anderem Kartoffeln schickte.

1840 gab es einen ersten Versuch, es den Norderneyern gleichzutun, und den Fremdenverkehr nach Juist zu holen, aber mit drei Badekutschen konnte man nichts ausrichten. 1858 schloss das Seebad, bevor es überhaupt eines gewesen war. Erst 1866 wagten einige mutige Juister einen Neuanfang und es entstand eine ***Badecommission***. Eine Badeordnung folgte, das erste Warmbadehaus wurde errichtet, Strandzelte wurden beschafft und einige Pfade zum Meer befestigt. Nachdem man 1871 die ***Dampfschiffs-Rhederei Norden*** gegründet hatte und 1883 die Bahnverbindung von Emden nach Norden fertig war, waren die Weichen gestellt: die Sommerfrischler entdeckten das Eiland, 1887 waren es schon tausend. Als dann 1892 die neue Hafenanlage in Norddeich fertiggestellt war, konnten die Badegäste sogar per Bahn bis an die Küste kommen. Vieles hat sich seither auf dem ***Töwerland***, so nennen die Juister ihre Insel, geändert. Geblieben ist aber seit jeher ihre Tideabhängigkeit.

ALTES WARMBAD

Das erste Warmbad der Insel entstand in den 1880er-Jahren. Das Gebäude wurde in ein Rathaus und Badekommissariat umgebaut, nachdem 1899 die zweite therapeutische Warmbadeanstalt mitten im Ort eröffnet werden konnte. Ein warmes Bad kostete laut Gästeführer von 1927 zwei Reichsmark – ein komfortables Vergnügen, denn das für die Bäder verwendete Seewasser wurde »vermittels Dampfkraft aus der offenen Nordsee der Anstalt zugeführt und gereinigt«. Das Haus in der Friesenstraße wird heute von der Kurverwaltung, vom Standes- und Ordnungsamt der Inselgemeinde und für Ausstellungen genutzt. Im ehemaligen Lesesaal hat seither so mancher einen neuen Bund fürs Leben geschlossen. Auf die Bedeutung des Hauses machen auf charmante Weise zwei Bronzefrauen aufmerksam – die eine zum Baden bereit, die andere ihr zu Diensten. Der Leeraner Bildhauer Böke versinnbildlichte damit die Rolle der einstigen Badefrau, von der es auf der Insel etliche gab.

BILL

Der Westen der Insel heißt ***Bill***, weil er so schön rund ist – gewissermaßen geformt wie eine Gesäßbacke (plattdeutsch: ***Bill***). Hier hat die Natur Priorität. Das ***Billriff*** mutet bei Ebbe an wie eine Wüste, denn es tun sich große Sandbänke auf. Auf ihnen lassen sich dann unzählige Möwen und auch Seehunde nieder, bis sich die Priele wieder mit Wasser füllen und das Meer endgültig zurück ist. Deshalb Vorsicht: Spaziergängern sei dringend empfohlen, sich nur an der Nordkante des Riffs zu bewegen und eben nur dann, wenn Niedrigwasser herrscht. Vom ***Billriff*** aus ist in einiger Entfernung die westlich gelegene ***Kachelotplate*** zu sehen, die stetig zur Insel heranwächst, und auch die Vogelinsel ***Memmert*** etwa 1500 Meter in südlicher Richtung.

DOMÄNE BILL

Die letzte Gaststätte vor Borkum und die westlichste des ***Töwerlandes*** heißt ***Domäne Bill***. Sie ist das Ziel jener Leute, die sich zu Fuß oder per Fahrrad aufgemacht haben, den naturnahen Westen des Eilandes kennenzulernen. Auch eine Kutschfahrt dorthin ist zu empfehlen. Zunächst kann man den Erlebnischarakter des langgestreckten Naturschutzgebietes ***Bill*** genießen, bei der ***Domäne Bill*** angekommen, den weithin bekannten, selbst gebackenen Rosinenstuten mit einem ordentlichen Stück guter Butter oder Leberwurst. Sitzen kann man drinnen und draußen, wo natürlich im Sommer die Plätze begehrt sind. Damit man sich nicht vergebens auf den langen Weg dorthin macht, sollte man sich zuvor der Öffnungszeiten vergewissern!

DOORNKAATBUDDEL

Er prägt die Inselsilhouette und ist nicht zuletzt ob seiner Uhr in luftiger Höhe ein Hingucker: der backsteinerne Wasserturm. Er wurde 1928 auf Juists höchster Erhebung, der 22 Meter aufragenden Delldüne, errichtet. Die Juister nennen das 13 Meter hohe Gebäude liebevoll ***Doornkaatbuddel***, weil seine Form an jene Geneverkrüge erinnert, in denen früher der Schnaps aus

der Küstenstadt Norden verkauft worden ist. Circa 250 Kubikmeter Wasser bevorratet der Turm und ergänzt so den Reinwasserspeicher der Insel.

GOLDFISCHTEICHE

Auf den Juister Lehrer und Naturforscher Otto Leege (1862–1951) geht nicht nur die Entstehung des Naturschutzgebietes ***Bill***, sondern auch die der ***Goldfischteiche*** jenseits des Ostdorfes zurück. Auch wollte der Juister Verschönerungsverein den Kurgästen etwas bieten. Also hob Leege 1902 mit seinen Schülern einen großen Teich aus, bepflanzte das Areal ringsum mit Baumstecklingen und säte inseltypische Pflanzen aus. Das Grün gedieh mit den Jahren üppig, doch es musste im Zweiten Weltkrieg Flakstellungen weichen. Mehrfach wurde das Areal hernach wiederhergerichtet, doch erst vor einigen Jahren in konsequenter Manier: Die Juist-Stiftung hat das weitläufige Areal wieder zum Naherholungsgebiet werden lassen, an das sich in jüngster Zeit der ***Otto-Leege-Pfad*** anschließt.

HAAKDÜNEN

An der Domäne Bill vorbei gelangt man in die weitläufigen Haakdünen – jener Bereich der Insel, dem der Blanke Hans in der Vergangenheit stets am heftigsten zugesetzt hat. Wie unaufhörlich das Meer an der Insel zerrt, wird an den hohen Dünenabbrüchen deutlich. In den zurückliegenden Jahren war der Niedersächsische Landesbetrieb für Wasserwirtschaft, Küsten- und Naturschutz (NLWKN) dort als zuständige Behörde mehrfach mit Sandaufschüttungen beschäftigt, um die Schutzdünen zu stabilisieren – die Küstenschützer wissen: Die nächste Sturmflut kommt bestimmt! Außerdem wurden hier Buschzäune gesetzt und Strandhafer gepflanzt, um den ständig verwehenden Sand »einzufangen«. In den ***Haakdünen*** befindet sich auch der alte Rettungsschuppen der Deutschen Gesellschaft zur Rettung Schiffbrüchiger (DGzRS). Die Rettungsstationen von Juist und Langeoog gehörten zu den ersten des 1861 in Emden gegründeten Vereins zur Rettung Schiffbrüchiger.

HAMMERSEE

Der Hammersee hat seinen Ursprung in jener Zeit, als Juist aus zwei Teilen bestand. Die ***Petriflut*** von 1651 hatte das Eiland zerrissen und so die Hammerbucht geschaffen. Diese wurde nach Süden hin erst 1866 durch den ***Hammerdiek*** verschlossen und im Jahre 1928 durch ein Deichbauwerk an der Nordseite, welches den Fluten jedoch nicht standhielt. Auf der ehemaligen Strandfläche sammelte sich Meerwasser, das sich mit der Zeit durch Regen- und Grundwasser anreicherte und den Hammersee zum größten Süßwassersee der Ostfriesischen Inseln werden ließ. Das Wasserbecken, das anfangs eine Länge von gut 1,8 Kilometern und eine Tiefe von einem Meter vorwies, ist mit der Zeit stark verlandet und dicht mit Schilf und Sumpfpflanzen bewachsen. Der See und das umliegende Feuchtgebiet bieten auf einer Fläche von etwa 35 Hektar vielen Vogelarten ein geschütztes Zuhause – und eine Aussichtsplattform ermöglicht interessante Einblicke in die urwüchsige Dünenlandschaft. Es war der Juister Naturforscher Otto Leege, der das umliegende Naturschutzgebiet ***Bill*** zu dem machte, was es heute ist: Aus mehr als 50.000 Sämlingen entstand westlich des Hammersees ein niedrig gewachsenes Gehölz, das die Juister aufgrund seiner bizarren Wuchsform ***Zauberwäldchen*** nennen. Dort kann man auf ausgewiesenen Pfaden naturkundlich unterwegs sein – und auch Rehwild begegnen.

HAUS SIEBJE

Das Haus ***Siebje*** stammt aus dem Jahre 1811 und ist aufwendig vom Juister Heimatverein restauriert worden. Seither beherbergt es Atelierräume, das Vereinsarchiv und bietet Platz für Ausstellungen. Vor dem Haus befindet sich ein ***Kindermessbaum***. Wer mit seinem Nachwuchs regelmäßig auf die Insel kommt, kann mit seiner Hilfe ermitteln, wie schnell die Kleinen zu großen Gästen werden.

JANUSPLATZ

Juists stille und immergrüne Parkoase heißt Janusplatz – in Erinnerung an den ebenso visionären wie kühnen Geistlichen Gerhard Otto Christoph Janus (1741–1805), der Juist schon früh als Erholungsort bekannt machen wollte. Das älteste Gebäude an »seinem« Platz ist das denkmalgeschützte Haus ***Raß*** von 1802. Beinahe 84 Jahre lebte Wilhelmine Marie Focken Raß darin, die sich, wie später ihre Tochter Miele, im Sommer auf der Insel als Badefrau am Damenstrand verdingte. In das Haus Raß lädt heute das ***Lüttje Teehus*** ein – Juists heimeligster Treffpunkt, wenn es um leckeren Kuchen und feine regionale Speisen geht. Im Winter brennt drinnen ein Kamin, im Sommer lockt die kleine Außenterrasse.

KALFAMER

Das Ostende von Juist wird ***Kalfamer*** genannt – was so viel heißt wie ***Kälberwiese*** und sich aus den plattdeutschen Worten ***Kalf (Kalb)*** und ***Hammer (niedrig gelegene feuchte Wiese)*** zusammensetzt. Dieser Teil der Insel ist der jüngste, denn Juist hat sich über die Jahrhunderte nach Osten ausgedehnt – dorthin, wo sich einst die Insel Buise befand. Als Vergleich: Bevor die Petriflut Juist 1651 teilte, lag das Ostende etwa am heutigen Ostrand des Dorfes. Auf dem Kalfamer nisten und rasten seltene Seevögel wie die Zwergseeschwalbe, denn dieser Bereich ist wie der Ostheller und die Billplate als Ruhezone des Nationalparks Niedersächsisches Wattenmeer ausgewiesen. Die Spitze des Kalfamers wird ***Specksand*** genannt, weil sich hier Seehunde tummeln – früher stets im Visier der Juister Seehundjäger. Die Erkundung des ***Kalfamers*** ist allein auf dem Naturlehrpfad erlaubt; der Weg beginnt am Flughafen und führt an zwölf Infostationen vorbei. Der Gezeitenstrom, der das ***Kalfamergatt*** zwischen Juist und Norderney durchfließt, hat es in sich, denn er erreicht hier eine Geschwindigkeit von zwei Metern pro Sekunde und formt das Inselende unaufhörlich.

LOOG

Eine Wegstrecke von 2,5 Kilometern trennt das ***Dorf***, wie die Juister ihren Ort nennen, vom ***Loog***, der ältesten Siedlung der Insel. Im ***Loog*** (plattdeutsch für ***Dorf***) ließen sich die Juister nieder, weil ihre ersten Dörfer von den Fluten weggespült wurden. Das ***Loogster Huus*** ist so etwas wie ein kleines Haus des Gastes – samt bescheidenem Kurgarten und Schiffchenteich. Im ***Loog*** befindet sich der Kindergarten ***Schwalbennest*** und seit 1955 die Jugendherberge. Um die Belange des ***Loogs*** kümmert sich eine eigene Interessengemeinschaft, die unter anderem dafür sorgt, dass an jedem letzten Apriltag ein Maibaum vor dem ***Loogster Huus*** aufgestellt wird. Das älteste Haus im ***Loog*** ist das von Alf Depser (1899–1990), in dem der Maler und Grafiker seit 1937 lebte und wirkte. Der in Nürnberg geborene Künstler hatte schon früh die Besonderheiten der Insel und Ostfrieslands entdeckt und ließ sie in seinen Arbeiten aufleben. Depser war es auch, der das Inselwappen schuf. Die darin gezeigten Dünen gehen auf ein Siegel der Evangelischen Kirchengemeinde Juist zurück, die zwei silbernen Sporenräder auf die frühere Zugehörigkeit zum Landkreis Norden. Auch im ***Loog*** zu finden: die gleichnamige Domäne, wo man gemütlich Ostfriesentee trinken oder Essen kann. Ein visueller Genuss ist der Ausblick vom ***Dree Water Utkiek*** am Strandaufgang Loog. Drei Gewässer liegen einem auf dieser Plattform zu Füßen: die Nordsee, das Wattenmeer und der Hammersee.

(SIEBEN) KIRCHEN

Sieben Kirchen in vier Jahrhunderten – die Historie der Gotteshäuser von Juist offenbart, wie sehr das Eiland im Lauf seiner Geschichte von der See bewegt wurde. Die älteste Beschreibung der Insel enthält zugleich einen Hinweis auf die erste bekannte

Kirche, von der nur vermutet werden kann, wann sie errichtet worden ist: »Juist liegt östlich von Borkum. Juist ist an seinen niedrigen Dünen zu erkennen. Die Kirche steht in der Mitte des Eilandes«, berichtete anno 1585 der Schiffer Albert Haeyen. Die Zeiten blieben unstet. So kann man in den Annalen des 19. Jahrhunderts nachlesen, dass die »fünfte« Kirche der Insel während der napoleonischen Besatzung gar zu einer Festung wurde – unter anderem brachen die Soldaten 41 Schießscharten in das Gemäuer und umstellten es mit einem Palisadenzaun und Kanonen. Dieses evangelische Gotteshaus wurde 1963 an selber Stelle durch einen Neubau ersetzt und 1967 durch einen Kirchturm ergänzt – ein markantes Bauwerk, das auf vier Podesten steht und dessen grüne »Beistiftspitze« schon von weitem zu sehen ist. Erhalten blieb die Kanzel, die aus der ehemaligen ***Loog-Kirche*** stammt und auf das Jahr 1732 datiert. Sehenswert ist das großformatige Altarmosaik ***Petri Fischzug***, das der Juister Kunsterzieher Herbert Gentzsch mit seinen Schülern in zwei Jahren aus 36.000 Steinchen anfertigte. Juists »siebte« Kirche ist ***St. Ludgerus*** am Janusplatz. Sie konnte 1910 eingeweiht werden, denn mit der Zeit waren immer mehr Gäste katholischen Glaubens auf die Insel gekommen, die sich bereitfanden, für den Bau eines eigenen Gotteshauses zu spenden. Auch das Interieur geht auf mildtätige Geber zurück – so stifteten Seine Königliche Hoheit Alfons Prinz von Bayern und dessen Gattin im Jahre 1912 den Hochaltar aus Eichenholz.

KÜSTENMUSEUM

Das Küstenmuseum im ***Loog*** wurde 1934 in der ehemaligen ***Schule am Meer*** eingerichtet. Das Haus am ***Loogster Padd*** empfiehlt sich besonders Schulklassen als museumspädagogischer Bildungsort, ist aber zugleich ein Fundus für Geschichten aus der Juister Historie. Die Ausstellung hat eine Fläche von 500 Quadratmetern und umfasst unter anderem die Bereiche Küstenschutz, Küstenfischerei, Seebädergeschichte und Rettungswesen; Öffnungszeiten und mehr Informationen unter www.kuestenmuseum-juist.de

KURHAUS

Mondän und von weitem zu sehen: das Kurhaus von Juist. Das stattliche Gebäude am Nordstrand offerierte seinen Gästen bei seiner Eröffnung im Jahre 1898 »100 geräumige, aufs beste ausgestattete Zimmer mit 200 vorzüglichen Betten« und »kein Zimmer ohne Aussicht auf das Meer«. Nicht zuletzt wegen seines ***Weißen Saales*** bezeichneten die Gäste das Kurhaus bald als ***Weißes Schloss am Meer***. Prominentester Logiergast war in jenen Zeiten Seine Majestät der König von Sachsen, der mehrfach auf Juist kurte und von dort aus zur Seehundjagd aufbrach. 1998 ist das Kurhaus aufwendig saniert und mit einer großen Glashaube ausgestattet worden, die seither gerne mit der Berliner Reichstagskuppel verglichen wird; mehr zum Strandhotel Kurhaus Juist unter www.kurhaus-juist.de

TIPP

Vor dem Kurhaus befindet sich seit jüngster Zeit eine von drei barrierefreien Aussichtsplattformen, die einen Panoramablick aufs Meer ermöglichen; die beiden anderen sind an den Strandaufgängen *Schoolpad* und *Karl-Wagner-Straße*.

KURPLATZ

Wer in den Ort geht, kommt am Kurplatz nicht vorbei. Der ehemalige Bahnhofsvorplatz, wo noch bis nach 1905 die Hühner des Hotelbesitzers Itzen scharrten, ist besonders im Sommer Juists Mittelpunkt. Rund um die gepflegten Rabatten kann man Kaffee trinken, mittendrin spielen an lauen Abenden von Mai bis September die

Musiker des Kurorchesters in der Konzertmuschel und die Kinder am Schiffchenteich. Dieses tideunabhängige Bassin bewährt sich seit vielen Jahren bei jedem Wetter. Hier lassen kleine und große Kapitäne ihre seegängigen Fahrzeuge kreuzen – und wenn es dabei zu Havarien kommt, ist das auch für die Zuschauer auf den Bänken ringsum ein Vergnügen.

KUTSCHENMUSEUM

Kutschen von ***anno dazumal*** gibt es im Kutschenmuseum zu entdecken, das sich im historischen Rettungsschuppen im Dorf befindet. Auch Exponate rund ums Pferd und künstlerische Pferdedarstellungen sind ausgestellt. Das Museum wird auf Initiative der Familie Munier betrieben, der Eintritt ist frei; mehr zu den Öffnungszeiten unter www.juist.de

MEMMERTFEUER

Der Leuchtturm von Juist, der im Schifffahrtssinne keiner ist, hat seit Ende 1992 seinen Platz in Hafennähe. In der Turmspitze befindet sich die Laterne des ehemaligen Leuchtfeuers der Nachbarinsel Memmert, das 1986 stillgelegt und abmontiert worden ist. Die Juister wollten das Feuer erhalten und initiierten eine Rettungs- und Spendenaktion, an der sich auch Gäste beteiligten. So wurde der Turmbau möglich und seither strahlt das Memmertfeuer im 13-Sekunden-Takt allein über Juist. In der Saison ist der Turm für den Ausblick von oben geöffnet.

NATIONALPARKHAUS

Das Nationalparkhaus befindet sich im Alten Bahnhof der Insel – vis-à-vis vom Kurplatz. Hier erfährt man viel Wissenswertes über das Wattenmeer und seine Bewohner, auch gibt es ein Zwergwalskelett zu bestaunen. Das Haus ist von Anfang April bis Ende Oktober geöffnet; mehr unter www.nationalparkhaus-juist.de

OTTO-LEEGE-PFAD

Der Otto-Leege-Lehrpfad liegt in den Ostdünen zwischen der Wilhelmshöhe und den Goldfischteichen. Dieser ökologisch-künstlerisch gestaltete Weg soll dem Spaziergänger die Natur einer Düneninsel näherbringen. Von einer Aussichtsplattform an der Flugplatzstraße aus, die einen weiten Blick über Salzwiesen, Watt und Festlandsküste ermöglicht, führt er über die Jaguar-Straße zu den Goldfischteichen und dann durch ein Holztor zu einer Hütte, in der das Leben und Werk des Juister Biologen Dr. Otto Leege (1862–1951) dokumentiert wird. Von dort führt der Weg durch eine typische Dünenlandschaft, vorbei an Infotafeln und verschiedenen Kunstwerken bis hinauf zu den nördlichen Randdünen, von deren Kamm aus der Strand und die Nordsee zu sehen sind.

SEEZEICHEN

Das symbolische Segel an der Hafeneinfahrt ist in jüngster Vergangenheit zu einem Wahrzeichen der Insel geworden. Wer mit der Fähre in den Hafen kommt, wird nicht selten von einem freundlichen Winken begrüßt, das jemand von einer der Ausgucketagen des 17 Meter hohen Seezeichens herüberschickt – nicht anders ist es bei der Abreise. Der Weg dorthin führt über die Seebrücke entlang des Sportboothafen des Juister Segelclubs.

STRANDLÄUFER

Auf dem Weg zum Meeressaum kommt man an vier Juister Strandläufern vorbei, die den Gast zu einem Bad in der Nordsee animieren. Die Bronzefigürchen, die sich an der Strandstraße aufgereiht haben, sind Werke des Bildhauers Lamché und entstanden auf Initiative des Arbeitskreises ***Kunst auf Juist*** des Heimatvereins.

WILHELMSHÖHE

Ein beliebtes Ziel für Spaziergänger ist die Wilhelmshöhe östlich des Dorfes, denn dort bekommt man zum weit reichenden Ausblick auf Wattenmeer und Nordseebrandung auch Kaffee und Kuchen. Wer es naturnah mag, nimmt den Weg dorthin durch die Dünen, wer weniger gut zu Fuß ist, sollte die gepflasterte Flughafenstraße bevorzugen; Öffnungszeiten des Cafés, das auch Übernachtungsgäste beherbergt, unter www.cafe-wilhelmshoehe-juist.de

KURIOSES ZUR INSEL JUIST:

Ein spöttisches Bonmot aus der heutigen Zeit lautet: Für die Juister ist schlechtes Wetter gutes Wetter, denn bei schlechtem Wetter und ebensolcher Sicht müssen sie Norderney nicht sehen.

»He krupt da bilangs as en Ruup up en teert Stärt« (Er kriecht da entlang wie eine Raupe auf einem geteerten Schwanz) spotteten die Juister früher über ihre Pferdebahn, mit der die Reisenden und ihr Gepäck vom Anleger bis ins Dorf transportiert wurden.

Das Selbstbewusstsein, das der Wind den Insulanern aufgedrückt hat, wurde den Juistern schon um 1780 herum attestiert. In jener Zeit brachte ein hoher Beamter der Königlich-Preußisch-Ostfriesischen Kriegs- und Domänenkammer in Aurich zu Papier, dass die Juister »sehr widerspenstig« und »ungehorsame Untertanen« seien.

Die Juister nennen ihre Insel ***schönste Sandbank der Welt*** und ***Töwerland***. Letztere Bezeichnung hat verschiedene Erklärungen: Früher mussten die Insulaner aufgrund der schlechten Schiffsverbindungen und des wechselhaften Wetters ***töven*** (plattdeutsch für ***warten***), wenn sie vom Festland wieder auf ihre Insel gelangen wollten. Überdies wird Juist in einer uralten gereimten Aufzählung ***Töverland*** genannt, was so viel wie ***Zauberland*** heißt – vielleicht, weil dort einst Wildpferde lebten oder weil erzählt wird, dass die karge Insel den Festlandsbewohnern dereinst am Horizont wie ein hell leuchtender Sandstrich erschienen sein soll? Und dann gibt es noch eine Deutung aus einer Zeit, in der jedwede Zauberei mit dem Tode gesühnt wurde: Als 1590 in Ostfriesland 31 Hexen verbrannt wurden, waren auch drei Frauen von der Insel darunter. Die drei ***Töverhexen*** fanden ein fürchterliches Ende auf dem Scheiterhaufen in Norden – ein altes Matrosenlied trug das schaurige Ereignis noch lange übers Meer.

WIPPEN-PARADE

Bei der Ankunft im Hafen wird jedem Juist-Neuling sogleich vor Augen geführt, dass die Insel angeblich das höchste Pro-Kopf-Vorkommen an Handkarren in Europa hat. Die sogenannten ***Wippen*** paradieren am Anleger neben den Kutschen und Pferden und sind ***das*** Transportmittel auf dem Eiland. Es gilt: Leiht dir ein Juister sein Rad, so mag er dich. Leiht er dir seine Wippe, so hast du einen Freund fürs Leben.

Juist ist circa 17 Kilometer lang und an manchen Stellen nicht breiter als 500 Meter. Auf dem Eiland, das zum Landkreis Aurich gehört, leben rund 1800 Einwohner und an die hundert Pferde. Juist ist tideabhängig und autofrei; die Fähren fahren täglich ein- bis zweimal ab Hafen Norddeich (Fahrtdauer circa 90 Minuten), den man mit der Bahn oder dem Auto direkt anfahren kann (Stellplätze und Garagen in Nähe des Anlegers); mehr unter www.reederei-frisia.de
Wer das Flugzeug nutzen möchte, startet ebenfalls in Norddeich und ist in knapp fünf Minuten auf der Insel; Info-Telefon: 04931/93320 oder www.fln-norddeich.de
Wer variieren möchte, nutzt am Besten ein Kombiticket Flug/Fähre. Am Juister Flugplatz warten Pferdetaxis für den Transport ins Dorf. Übrigens: Das beliebteste Verkehrsmittel auf der Insel ist neben der Pferdekutsche das Fahrrad – es gibt mehrere Verleihe dafür.

Kurverwaltung Juist
Postfach 1464, 26560 Juist
Telefon: 04935/809106 oder 809107, www.juist.de

Haus des Kurgastes
Gleich bei der ***Doornkaatbuddel*** befindet sich das ***Haus des Kurgastes***, das ein Angebot für die ganze Familie bereithält – vom Leseraum bis zum ***Internetcamp***. Hier finden auch regelmäßig Ausstellungen statt und im dazugehörigen Saal kulturelle Veranstaltungen – vom Klassikabend bis hin zum Bühnenspektakel der Juister Theatergruppe ***Antjemöh***, die zum Heimatverein der Insel gehört.

Hunde
Auf Juist gibt es zwei eigens für Hunde ausgezeichnete Strandbereiche und einen Auslaufplatz am Ende des Deiches im Dorf; mehr unter www.juist.de wo auch die Hundebeutelstationen aufgeführt werden.

Jugendherberge
Die Jugendherberge im Loog ist ganzjährig geöffnet (im November und Dezember auf Nachfrage) und kann auch von Familien genutzt werden, für die zwölf Zimmer vorbehalten sind. Insgesamt bietet das ruhig gelegene Haus dreihundert Betten; mehr unter www.jugendherberge.de

Meerwasser-Erlebnisbad
Das Meerwasser-Erlebnisbad bietet Badefreuden, Sauna und Wellness – und ob seiner Lage auf Juists höchster Düne eine schöne Aussicht über die Nordsee und das Wattenmeer; Öffnungszeiten und mehr unter www.juist.de

Kutschbetriebe

Juist ist die Pferdeinsel – das Geklapper ihrer Hufe gibt den Takt auf der Insel an. Der Fuhrmannshof ***Kannegieter*** ist für den Gepäcktransport zuständig und bietet wie der Fuhrbetrieb Heyken eine »Verkehrsanbindung« mit Planwagen und Personenkutsche zum Flugplatz; Heykens Kaltblüter bringen auch die Kindergartenkinder per Pferdebus ins ***Schwalbennest*** im Loog. Das Fuhrunternehmen Munier transportiert im Auftrag des Landkreises den Inselmüll, macht aber auch Ausflugsfahrten zur Bill und hält historische Kutschen für feierliche Anlässe bereit. Die Spedition Jüchter organisiert den Hafenumschlag, bringt Baumaterialien von hier nach dort und kutschiert den Leichenwagen pietätvoll über die Insel. Auch wichtig: Die Gespanne der drei Getränkevertriebe versorgen die Gastronomie. Autos gibt es nur für die Feuerwehr, die Ärzte und das Rote Kreuz; Post und Reederei nutzen Elektrokarren. Der Dorfpolizist nimmt im Ernstfall sein Dienstfahrrad. Einige wenige Trecker sind unter anderem für die Domänen oder den Niedersächsischen Landesbetrieb für Wasserwirtschaft, Küsten- und Naturschutz unterwegs. Mehr Informationen zu Ausflugsfahrten mit zwei Pferdestärken oder zum Thema Reiten im Urlaub unter www.juist.de

Musikverein Harmonia

Sein Erkennungslied: der Marsch ***San Carlo***. Der ***Musikverein Harmonia*** ist eine Juister Institution, die mehr als 120 Jahre alt ist. Bei vielen kulturellen Veranstaltungen – wie den regelmäßig stattfindenden Inselabenden oder beim traditionellen Maibaumaufstellen – darf das Bläserensemble nicht fehlen.

Wassersport

Windsurfkurse werden im Juli und August angeboten (Nordseehotel Freese), und auch das Kitesurfen gehört zum sportiven Angebot (www.kitesurfisland.de)

Wattführungen

Seit mehr als 60 Jahren und bereits in dritter Generation bietet die Familie Behring Wattführungen an. Heino Behring und sein Sohn Ino können dank ihres Wattmobils sogar Gehbehinderte mitnehmen und ihnen so die Besonderheiten des Weltnaturerbes im besten Sinne des Wortes näherbringen: Mehr unter www.heino-juist.de Auch mit einem Angebot an Wattführungen vertreten: das Nationalparkhaus.

NORDERNEY

Auch wenn man so keinen Hinweis darauf erkennen kann: Auch Norderney gehört zu den Inseln, die im Jahr 1398 erstmals erwähnt wurden – in jener Urkunde, in der Häuptling Widzel tom Brok das Lehen über ***Borkyn, Just, Buise, Osterende, Balteringe, Langoch, Spiekeroch ende Wangeroch*** an Herzog Albrecht von Bayern übertrug, der seinerzeit auch Graf von Holland und Herr von Vriesland war. Statt

Norderney sind dort ***Buise*** und ***Osterende*** genannt, die, das wissen die Forscher heute, einmal Inseln gewesen sind. Die Insel Buise lag westlich der heutigen Position Norderneys und wurde bei der ***Zweiten Marcellusflut*** 1362 in zwei Teile gerissen; der dabei entstandene östliche Teil des Eilandes wurde fortan ***Osterende*** genannt. Während die Inseln Bant und Buise mit der Zeit im Meer versanken, wuchs ***Osterende*** und wurde zur ***Norder neye Ooge*** – was so viel bedeutet wie die ***neue Norder Insel***. So wird das Eiland erstmals 1550 in einem Rechnungsbuch der Gräfin Anna von Oldenburg genannt – damals, so ist es überliefert, lebten auf dem ***Norder neye Ooge*** 80 Einwohner in 16 Haushaltungen. Anno 1579 erwähnen die Chronisten einen ***pagus cum temple***. Im Jahre 1616 bekam das Eiland den klangvollen lateinischen Namen ***Norderneia***, rund 100 Jahre später war erstmals von ***Norderney*** die Rede. Die Männer und Frauen, die sich anfänglich auf der Insel niedergelassen hatten,

lebten vornehmlich vom Fischfang, denn auf dem Sandboden ihrer neuen Heimat ließ sich kaum etwas anbauen. Wie auf allen Ostfriesischen Inseln üblich, verdingten sie sich auch mit dem Bergen von Strandgut – wüteten Stürme, so hatten sie stets den Horizont im Auge und waren im Nu am Meeressaum, wenn der Ruf »Schipp up Strand« ertönte. Und so ging manches am Strandvogt vorbei, der ab 1607 auf Norderney in Amt und Würden war und über Verteilung der Kisten und Fässer zu wachen hatte. Um das Jahr 1700 gab es 49 Häuser, und die mehr als 250 Insulaner lebten in etwa dort, wo sich heute die Stadt befindet. Als 1744 der letzte ostfriesische Fürst Carl Edzard starb, fielen Ostfriesland und somit auch Norderney und seine 500 Einwohner unter preußische Herrschaft.

Und dann kam das Jahr, das in die Insel-Annalen einging und zugleich in die deutsche Seebädergeschichte: Am 3. Oktober 1797 eröffnete die Norderneyer Seebadeanstalt – als erste Seebadeanstalt auf einer ostfriesischen Insel und an der deutschen Nordseeküste überhaupt. Dr. med. Friedrich Wilhelm von Halem (1762–1835), seit 1797 Landphysikus der preußischen Provinz Ostfriesland und somit zuständig für das gesamte Gesundheitswesen, hatte die ostfriesischen Landstände von den heilenden Kräften der Seeluft und des Seewassers überzeugen können – und die wiederum ließen sich ihren Beschluss von König Friedrich II. genehmigen. Hatte doch die kurz zuvor erstellte Wasseranalyse durch den Emder Apotheker Heydeck ergeben, dass »das Wasser, helle und klar, wie gutes Brunnenwasser, dabei von salzig-bitterem Geschmack« sei.

Doch Leben kam in das junge Seebad erst, als es von Halem gelang, die Stände auch davon zu überzeugen, die Norderneyer Einrichtung nicht nur ideell, sondern auch finanziell zu fördern. Am 1. Mai 1800 eröffnete das Seebad schließlich offiziell – was so viel hieß, dass die Kurgäste nun auch offiziell eingeladen waren, die Insel zu besuchen. Da die Norderneyer jedoch nur wenige Unterkünfte bieten konnten, musste ein Teil der 250 Sommerfrischler zunächst in mitgebrachten Zelten campieren. Immerhin: Es gab ein hölzernes ***Conversationshaus*** mit Küche und Gesellschaftszimmer, das den Gästen als Tanz- und Speisesaal diente; in vier Privathäusern waren Wannen für warme und kalte Seebäder aufgestellt und am Strand harrten drei Badekutschen. Ein bescheidener Anfang, doch langsam stellte sich der Erfolg ein: So logierten im Jahre 1803 bereits 400 Gäste auf der Insel, wovon 100 sogenannte ***Ausländer*** waren – so wurden die Nicht-Preußen seinerzeit tituliert und statistisch aufgeführt. Der Aufschwung kam zum Erliegen, als Ostfriesland ab 1806 unter französische Besatzung fiel und Napoleon die Kontinentalsperre über England verhängte – die »wohltuende Seebadeanstalt«

blieb in jenem Jahr und den folgenden geschlossen. Statt der Sommerfrischler nutzten nun französische Soldaten die Logierhäuser. Doch auch das hatte ein Ende: Von 1813 bis 1815 war Norderney wieder preußisch und ab 1815 Teil des Königreichs Hannover.

Das Badeleben auf der Insel bekam alsbald neue Impulse, das erste Warmbad und ein Kurpark entstanden, und die Insulaner begannen, Zimmer zu vermieten. Noch heute sind an vielen Häusern entsprechende Anbauten (Veranden) zu erkennen. Bereits 1819 zählte das ***Königlich-Hannoversche Seebad*** zu den bedeutendsten Treffpunkten in Europa. Dieser Ruf wurde noch mehr gefestigt, nachdem sich König Georg V. von Hannover und seine Gattin 1851 dazu entschlossen hatten, Norderney zu ihrer Sommerresidenz zu machen. Natürlich reiste der Hofstaat mit, und so entstanden in jener Zeit prachtvolle Gebäude, die bis heute das Stadtbild prägen. 1866 endete die hannoversche Regentschaft, und unter preußischer Ägide wurde Norderney zur ***Königlich-Preußischen Seebadeanstalt und Staatsdomäne*** und drei Jahre später zum Sommerdomizil der preußischen Königsfamilie. Die erste tideunabhängige Dampfschiffverbindung zwischen Norderney und Norddeich erfolgte 1872, und als 1889 die Bahnstrecke zwischen Emden und Norddeich fertiggestellt wurde, war damit ein Küstenanschluss bis nach Münster möglich.

Anfang des 20. Jahrhunderts sprach man von Norderney als Insel mit Weltruhm – damals kamen im Jahr 40.000 Kurende auf die Insel, auf der rund 4.000 Einwohner lebten. Die Liste der hochwohlgeborenen Logiergäste ist lang – unter ihnen Kaiser Wilhelm II., der im Jahre 1906 Reichskanzler von Bülow in dessen Villa (heute Hotelvilla ***Belvedere***) am Weststrand besuchte.

Der Erste Weltkrieg brachte den Badebetrieb zum Erliegen, doch danach ging es rasch wieder aufwärts. So konnte Norderney beispielsweise Ende der 1920er-Jahre das erste Meerwasserwellen-Hallenbad Europas vorweisen. Auch der Zweite Weltkrieg beendete den Badebetrieb. Den weithin bekannten Erholungsfaktor des Eilandes entdeckte 1946 auch die britische Militärverwaltung und lud Soldaten der Besatzungstruppen und deren Angehörige ein. Aber auch deutsche Kurgäste durften nach und nach wieder anreisen. 1948 bekam Norderney die Stadtrechte verliehen und 1949 den Status eines staatlich anerkannten Niedersächsischen Staatsbades mit dem Prädikat ***Heilbad***. Die sogenannte ***Reprädikatisierung*** zum Nordseeheilbad erfolgte 2010. Die Anziehungskraft Norderneys ist – damals wie heute – nicht mit der ihrer ostfriesischen Inselschwestern vergleichbar: Die Kurverwaltung zählt übers Jahr mehr als 450.000 Tages- und Kurgäste und 3,1 Millionen Übernachtungen.

BADEMUSEUM

Da die Badetradition das Leben auf der Insel Norderney über zwei Jahrhunderte geprägt hat, kann das ***bade~museum*** im ehemaligen Freibad am Weststrand mit einem sehenswerten Fundus aufwarten. Auf einer Fläche von gut 1.000 Quadratmetern wird den Besuchern nähergebracht, wie die Sommerfrischler das Eiland einst für sich entdeckten – und was beispielsweise die jeweilige Mode mit sich brachte. Neben der dauerhaften Präsentation gibt es wechselnde Ausstellungen; mehr unter www.museum-norderney.de

CONVERSATIONSHAUS

Conversationshaus hieß dieses denkmalgeschützte Gebäude auf dem Kurplatz schon vor 200 Jahren – ein Relikt, das an die alte Bäderkultur der Insel erinnert. Schon immer ist das weiße ***Conversationshaus*** ein ebenso zentraler wie kommunikativer Treffpunkt für alle Norderney-Urlauber: In der lichtdurchfluteten ***Orangerie*** finden sich das Service-Center mit Tourismusinformation, die Zimmervermittlung und eine Ticketvorverkaufsstelle – mittendrin laden Sitzgelegenheiten und ein Café zum Verweilen ein; als Ruheoasen können das Kamin- und Lesezimmer und die Bibliothek genutzt werden; im schicken ***Großen*** und im ***Weißen Saal*** finden Veranstaltungen statt; eine Bar mit Innen- und Außenplätzen bietet einen Blick auf den Kurgarten, und einen Shop mit hochwertigen Accessoires.

FISCHERHAUSMUSEUM

Seit 1937 gibt es das Heimatmuseum ***Norderneyer Fischerhaus*** im ***Argonner Wäldchen.*** Das Gebäude entstand nach dem Vorbild eines Fischerhauses aus dem 17. Jahrhundert. In den kleinen Räumlichkeiten des Museums wird jene Zeit lebendig, bevor die ersten Kurgäste auf der Insel logierten. Die Norderneyer lebten zumeist bescheiden, verdingten sich als Fischer oder Schiffer – und die Männer trugen stolz einen goldenen Ohrring mit ihren Initialen, wie er heute noch bei manchem traditionsbewussten Insulaner zu entdecken ist. Gleich nebenan ist das ***Alte Schießhaus*** der Seebadeanstalt, das heute als Standesamt und für Teeseminare genutzt wird; www.heimatverin-norderney.de

GEORGSHÖHE

Seiner Gattin ist die ***Marienhöhe*** gewidmet, dem einstigen König von Hannover und Herzog von Cumberland die ***Georgshöhe.*** Die Düne des einstigen Monarchen befindet sich nördlich des Zentrums an der Strandpromenade und ermöglicht einen Ausblick auf die Brandung und das Stadtleben. Übrigens: Es gibt auch ein ***Cumberland-Denkmal*** auf der Insel. Der kleine Obelisk erinnert daran, dass der Badewärter Gerrelt Janssen am 10. August 1861 den 16-jährigen Kronprinzen Ernst August, den einzigen Sohn Georgs V., vor dem Ertrinken rettete und somit das Haus Cumberland vor dem Aussterben.

HISTORISCHES SCHAUFENSTER

Das ***Historische Schaufenster*** zieht sich wie ein geschichtlicher Lehrpfad über die Insel: 22 Schautafeln informieren ansprechend über sieben Jahrhunderte Eiland-Historie. Es lohnt sich, allenthalben stehen zu bleiben und sich von den Fotografien und Texten in die Vergangenheit mitnehmen zu lassen.

KAISER-WILHELM-DENKMAL

Das Kaiser-Wilhelm-Denkmal – von den Insulanern ***Klamottendenkmal*** genannt – befindet sich seit 1899 gegenüber der katholischen Kirche St. Ludgerus. Der 13 Meter hohe Obelisk erinnert an die Gründung des Deutschen Reiches 1871. Dessen Steine wurden von 75 deutschen Städten, Reichsstädten und Provinzen gestiftet und sind mit deren Namen graviert. Darunter sind einige historisch wertvolle Steine aus der Kölner Stadtmauer zur Zeit Kaiser Barbarossas und dem Frankfurter Römer. Daher stammt auch die Bezeichnung ***Klamottendenkmal***, dem damit sind nicht alte Kleider, sondern zerbrochene Ziegel- oder Mauersteine gemeint. Die Bronzebüste des Kaisers und der Reichsadler wurden im Ersten Weltkrieg für die Waffenproduktion eingeschmolzen. Anstelle des Adlers thront dort heute eine Möwe.

KAP

Einst als Landmarke errichtet, fällt das Kap am östlichen Rand des Stadtgebietes nicht jedem gleich ins Auge. Das erste Seezeichen ist 1848 aus Holz errichtet worden und wurde 1871 und 1930 durch steinerne Neubauten ersetzt. Das 13 Meter hohe, sechseckige Kap ist seit 1928 im Norderneyer Wappen zu finden und somit das Wahrzeichen der Insel.

KIRCHEN

Anno 1420 berichtete das ostfriesische Kirchenverzeichnis erstmals über ein Kirchengebäude auf Norderney; es soll sich dabei um ein turmartiges Gebäude gehandelt haben. Dazwischen liegen bewegte Jahrhunderte. Die heutige evangelische Inselkirche wurde 1879 eingeweiht – am Tag der Goldenen Hochzeit des Kaiserpaares Wilhelm I. und Augusta. Eine Gedenktafel über dem Eingang des Gotteshauses, neben dem der 25 Meter hohe Kirchturm aufragt, erinnert daran. Auf dem Kirchhof fanden bis 1875 Beisetzungen statt. Einige der Grabmäler weisen auf die maritime Vergangenheit der Verstorbenen hin – so ruht dort beispielsweise Hillrich

Links:
Norderneys schmuckes Postamt wurde 1892 eingeweiht.

Unten:
Die evangelische Inselkirche.

Auf Norderney laden viele Plätze zum Verweilen ein.
Den kleinen Gästen gefallen die Seehunde in der Poststraße besonders und der Brunnen am Kurplatz.

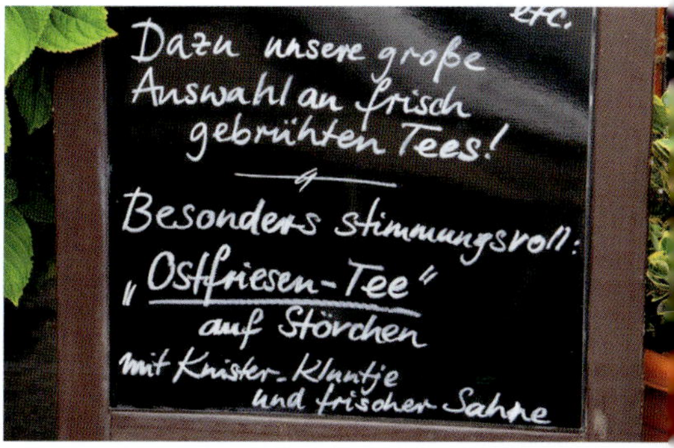

Jacobs Rass, der auf der Yacht von König Georg V. als Kapitän das Sagen hatte. Die katholische Kirche St. Ludgerus ist 1884 geweiht worden und bietet 350 Gläubigen Platz. Ein zweites sakrales Gebäude der Gemeinde entstand 1931 an der Goebenstraße und gilt heute als größte katholische Kirche Ostfrieslands. Maritime Elemente prägen das Interieur der ***Stella Maris (Stern des Meeres)***. 700 Besucher finden in der Kirche Platz.

KURPLATZ

Der Kurplatz ist von jeher der belebte Mittelpunkt der Insel. Ringsum zeugen das Basargebäude (Sitz der Kur- und Stadtverwaltung), das ***bade:haus*** und das ***Conversationshaus*** vom mondänen Charakter des ältesten Seebades an der deutschen Nordseeküste. Doch hier wird nicht nur zwischen hübschen Rabatten flaniert und sommers den Musikanten in der Konzertmuschel gelauscht: Auf dem 6.500 Quadratmeter großen Gelände trifft sich einmal im Jahr die internationale Hochsprung-Elite zum Wettkampf. Zum Hingucker avanciert indessen ein etwa vier Meter hoher Pfahl, der mit zwölf Wegweisern zu den Weltnaturerbe-Stätten bestückt ist. So sind es vom Kurplatz auf Norderney bis zum Great Barrier Reef fast 15.000 Kilometer, während die Dolomiten mit etwa 900 Kilometern fast um die Ecke liegen. Das Staatsbad Norderney setzt damit ein Zeichen, in welch hochkarätiger Gesellschaft sich das Weltnaturerbe Wattenmeer befindet.

KURTHEATER

Das 1893 erbaute historische Kurtheater wurde nach den Plänen des Celler Hoftheaters errichtet und überrascht durch sein plüschig-rotes Ambiente. Gediegen ist es, in einer der Logen Platz zu nehmen und von dort aus Theatervorstellungen, Konzerte oder Kinovorführungen zu erleben – so auch alljährlich beim Internationalen Filmfest Emden-Norderney.

LEUCHTTURM

Er sendet alle zwölf Sekunden drei Blitze aus und ist das einzige aktive Seefeuer auf der Insel: der Große Norderneyer Leuchtturm. Das Leuchtfeuer mit einer Reichweite von 23 Seemeilen ist seit dem 1. Oktober 1874 in Betrieb und schickt sein Licht gegen den Uhrzeigersinn aufs Meer. Mit einer Höhe von 54,6 Me-

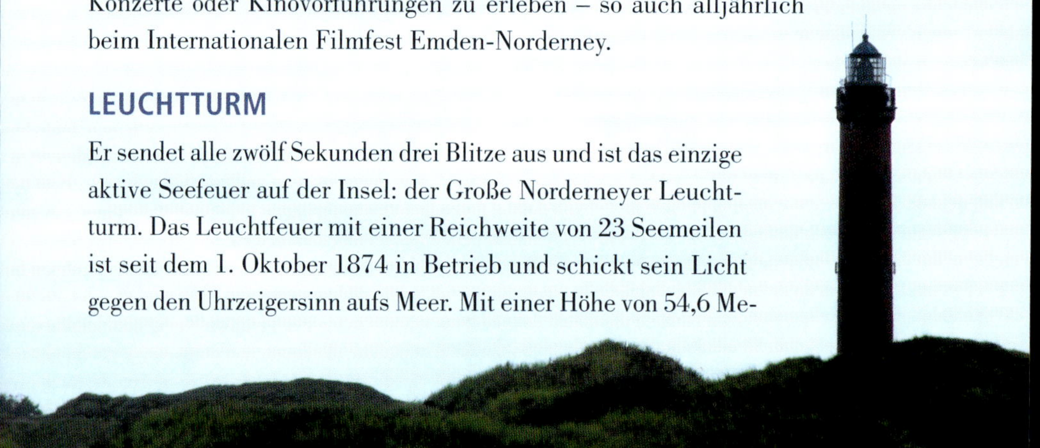

tern ist das achteckige Bauwerk das höchste der Insel. Wer den Turm besichtigen und von oben einen großartigen Ausblick genießen möchte, muss 252 Stufen hinaufsteigen, um die Galerie an der Turmspitze zu erreichen. Auf Norderney gibt es überdies ein Unterfeuer (in der Hafeneinfahrt) und ein Oberfeuer (an der Zufahrt zum Fähranleger), die zusammen die Richtfeuerlinie Norderney-Hafen bilden.

MARIENHÖHE

Auf der Marienhöhe kann man Sonnenuntergänge wie im Bilderbuch erleben. Ähnlich soll es Heinrich Heine ergangen sein, der dort sein ***Lied ans Meer*** geschrieben haben soll. Die 11,5 Meter hohe Düne wurde nach Königin Marie von Hannover benannt, die den Dichter schätzte und ihm zu Ehren dort einen Holzpavillon errichten ließ, der wiederum 1923 durch ein rundes Steingebäude ersetzt wurde. In ihm befindet sich das traditionsreiche ***Café Marienhöhe***.

Übrigens: Von der Marienhöhe aus wurden früher bei schlechter Sicht stündlich mit einer Nebelkanone Signale gegeben, um den Fischern die Heimkehr zu erleichtern – diese Kanone ist heute im Fischerhausmuseum ausgestellt. Und: Der Dichter Heine ist seit 1983 auch vor dem Kurtheater präsent – dort steht seine Bronzeplastik.

MÜHLE

Die Norderneyer Windmühle ist die einzige der Ostfriesischen Inseln. Der einstöckige Galerieholländer steht unter Denkmalschutz und trägt den bedeutungsvollen Namen ***Selden Rüst*** – was in der Übersetzung ***Selten Ruhe*** bedeutet. In der reetgedeckten Mühle, die von 1862 bis 1962 in Betrieb war, befindet sich ein Restaurant.

NAPOLEONSCHANZE

Die Napoleonschanze aus dem Jahre 1811 gehört zum erweiterten Kurpark. Sie ist das älteste original erhaltene Bau- und Kulturdenkmal der Insel. Seinerzeit waren 300 französische Soldaten auf der Insel, um die über England verhängte Kontinentalsperre zu überwachen – denn wie auf den anderen Ostfriesischen Inseln suchten die Norderneyer in jener Zeit ihr Auskommen in der Schmuggelei. Übrigens: Seit 1912 finden auf dem Gelände im Sommer regelmäßig Gottesdienste statt.

NATIONALPARKHAUS

Am Hafen 1 heißt die Adresse des Nationalparkhauses, das seit mehr als 20 Jahren auf der Insel zu finden ist. Themenschwerpunkte des Museums zum »Mitmachen und Anfassen« sind das Wattenmeer und die Nordsee, deren typische Bewohner den Besuchern in Aquarien vorgestellt werden. Auch die Lebensräume Salzwiesen und Dünen werden in der Dauerausstellung erläutert, die übers Jahr durch Filme, Vorträge und Führungen ergänzt wird; www.nationalparkhaus-norderney.de

RETTUNGSBOOTMUSEUM

An der Promenade am Weststrand befindet sich das »Rettungsbootmuseum«, das Einblicke in die Historie des Seenotrettungswesens gibt. Mittelpunkt der Ausstellung im ehemaligen Rettungsbootschuppen von 1892: die Fürst Bismarck, ein Ruderrettungsboot aus dem Jahre 1893, das im Ernstfall mit Pferden über den Strand ins Meer gezogen wurde. Seit 1997 ist im Hafen der Seenotkreuzer Bernhard Gruben der Deutschen Gesellschaft zur Rettung Schiffbrüchiger (DGzRS) stationiert.

OSTEN

Auch wenn Norderneys städtische Bebauung großzügig erscheint, sie nimmt nur ein Sechstel des gesamten Eilandes ein. Eine Hälfte der Insel ist gar Ruhezone des Nationalparks. Wie groß der Stellenwert der Natur ist, wird im östlichen Teil der Insel offenkundig, den man nur zu Fuß entdecken kann: Dort rasten während des Vogelzug große Vogelschwärme, die das Wattenmeer und die umliegenden Heller als reichhaltiges Buffett nutzen. Das tun auch die Brutvögel (wie die Brandgans oder der Große Brachvogel), von denen es auf der Insel 95 verschiedene Arten gibt – dazu gehören rund 1.200 Lachmöwen-Brutpaare. Auch die inseltypische Flora und Fauna hat dort reichlich Fläche, um sich zu entfalten – auf Norderney gibt es über 500 verschiedene Pflanzenarten.

SÜDSTRANDPOLDER

Das Wasserschutz- und Vogelbrutgebiet des Südstrandpolders ist seit mehr als fünf Jahrzehnten Naturschutzgebiet, seit 1986 Ruhezone des Nationalparks. Anfang der 1940er-Jahre sollte auf dem dafür eingedeichten und aufgespülten Bereich ein Flugplatz entstehen, doch die Pläne wurden nach Kriegsende verworfen. Das 140 Hektar große Areal blieb seither einzig der Natur überlassen, deshalb bietet der Polder indessen zahlreichen Vogelarten Brut- und Rastplätze und gedeiht dort eine einzigartige Pflanzenvielfalt – unter anderem eine der größten Feuchtheiden der Ostfriesischen Inseln. Das Betreten des Südstrandpolders ist verboten, allerdings kann man ihn vom Deich aus überblicken, der das Gelände umschließt.

WÄLDCHEN

Norderney kann mit der größten bewaldeten Fläche der Ostfriesischen Inseln aufwarten, ab dem 18. Jahrhundert begann man damit, die Insel in Teilbereichen aufzuforsten. Das ***Argonner Wäldchen*** ist in der Nähe des Weststrandes zu finden, das ***Ruppertsburger Wäldchen***, in dem Kiefern wachsen, befindet sich am östlichen Stadtrand und eine Anpflanzung mit Erlen und Pappeln nordwestlich des Flugplatzes.

WASSERTURM

Eine Landmarke – von See- und Wattseite auszumachen – ist auch der backsteinerne Wasserturm am östlichen Stadtrand, der 1930 in Betrieb genommen wurde. Das Gebäude ist das zweithöchste der Insel (41,6 Meter), hat ein Trinkwasserreservoir von 500.000 Litern und kann besichtigt werden.

WEISSE
DÜNE

Umkleide

WEISSE DÜNE

Sie gilt als der schönste Strand der Insel und ist so etwas wie ein Szene-Treffpunkt: die ***Weiße Düne***. Erst recht, seit dort in schickem Ambiente vielerlei kulinarische Annehmlichkeiten serviert werden – wie zum Beispiel ***Currywurst im Glas***. Im Winter brennt drinnen ein Kamin, während man den Blick aufs Meer und die Dünenlandschaft genießen kann. Zu erreichen ist die ***Weiße Düne*** per pedes oder mit dem Bus, Taxi, Fahrrad oder dem eigenen Auto; mehr unter www.weisseduene.com

WRACK

Ein Anziehungspunkt für Wanderer ist das Wrack am Ostende der Insel an der sogenannten ***Rattendüne***. Die Überbleibsel des einstigen Muschelbaggers üben eine gewisse Faszination aus – wohl auch, weil der nämlich bei dem Versuch, ein anderes Schiff frei zu schleppen, selbst im Sand stecken blieb. Übrigens: Das Wrack ist für Baltrumreisende auch vom Schiff aus zu sehen! Wie auch die Seehunde, die sich gerne auf dem Ostende aalen.

KURIOSES ZUR INSEL NORDERNEY:

Theodor Fontane schrieb seiner Frau Emilie am 17. August 1882: »… Im Ganzen muss ich mit meinen drei Wochen hier sehr zufrieden sein; es ist mir nichts eigentlich Unangenehmes passirt und selbst die Sturmtage waren schön. Ja, ich komme jetzt dahinter, dass das Meer nur an seinen Sturmtagen entzückend ist; so wie Ruhe eintritt, ist es eigentlich langweilig … Also nochmals, es war sehr hübsch, und was die Hauptsache ist, die wundervolle, sauerstoffreiche Luft wird meinem Blut und meinen Nerven auch gut gethan haben …«

Warum Norderney um 1900 ***Insel Pipi*** genannt wurde, ist den Heimatforschern hierzulande nicht bekannt.

Beliebt war der Kindervers:

»Antje-Möh van Nördernee, kookt en Pott vull Riesebree.«

Norderney ist mit einer Fläche von knapp 26,3 Quadratkilometern die zweitgrößte und meistbesuchte der Ostfriesischen Inseln. Die etwa 14 Kilometer lange Insel, die tideunabhängig zu erreichen ist, hat rund 6.000 Einwohner. Die Fähren (mit Auto-Kapazitäten) der Reederei ***Norden-Frisia*** fahren beinahe stündlich vom Hafen Norddeich aus, wo sich auch zahlreiche Abstellmöglichkeiten (Garagen und Parkplätze) für Fahrzeuge befinden; www.reederei-frisia.de Wer möchte, kann sein Auto mit auf die Insel nehmen, jedoch bietet der Buslinienverkehr ausreichende Mobilität. Im Übrigen ist der Autoverkehr während der Saison im Stadtkern stark eingeschränkt. Nächstgelegener Flugplatz ist der in Norden-Norddeich, von dem aus mehrfach täglich Norderney angeflogen wird; www.fln-norddeich.de

Tourist-Information Norderney
Am Kurplatz 1, 26535 Norderney
Telefon: 04932/891132, www.norderney.de

bade:haus
Gleich zwei Superlative vereinen sich unter einem Dach: Das ***bade:haus*** ist Europas ältestes Meerwasser-Hallenbad und Deutschlands größtes Thalasso-Zentrum. Dieser Bade-Tempel, in dem man sich mit Norderneyer Schlick verwöhnen lassen kann, lässt auf drei Ebenen (***Wasser, Feuer*** und ***Erlebnis***) in Sachen Wellness keine Wünsche offen; www.badehaus-norderney.de

Camping
Campingfreunde haben auf Norderney viel Platz: Die ***Domäne Eiland*** befindet sich einen Kilometer nördlich vom Leuchtturm. Der Strand ist wenige Gehminuten entfernt; www.camping-eiland.de Der größte Campingplatz liegt auf der Südseite zwischen Leuchtturm und ***Weißer Düne***; www.campingplatz-um-ost.de

Golf
Das Umfeld des Golfplatzes, dem einzigen Links-Course Deutschlands, ist naturnah. Der 9-Loch-Platz, dessen Club sich bereits 1927 gründete, liegt inmitten einer Dünenlandschaft und bietet als Herausforderung unter anderem einen stetigen Wind von See; www.gc-norderney.de

Hunde
Wie auf allen Ostfriesischen Inseln herrscht eine grundsätzliche Anleinpflicht für Hunde. Norderney bietet zwei Hundestrandbereiche: im Ostbad ***Weiße Düne*** rechts vom Strandaufgang und am FKK-Strand links vom Strandaufgang. Hinzu kommt eine Rasenfläche neben der Schutzhalle am Weststrand.

Jugendherberge

Am Dünensender 3 lautet die Adresse der Jugendherberge, die inmitten der Insel liegt und 144 Betten nebst Vollpension bietet; gleich nebenan liegt der dazugehörige Jugendzeltplatz. Eine weitere Jugendherberge findet sich in der Mühlenstraße in Hafennähe, dort stehen 262 Schlafplätze zur Verfügung. Mehr unter www.jugendherberge.de

Kinder

Das Spielhaus für Kinder heißt ***Kleine Robbe*** und befindet sich im ***bade~museum***. Hinzu kommt der neue Spielpark für Kinder und Jugendliche, der im Kurpark an der Marienstraße/Mühlenstraße eröffnet hat. Dort erwartet die jungen Gäste ein attraktiver Kletterparcours und im Außenbereich eine Skaterfläche mit Half-Pipe. Und dann sind da noch die Spielplätze nahe der ***Weißen Düne***, beim Tennisplatz, in der Nordhelmsiedlung oder am Schwanenteich. Der größte liegt direkt am Weststrand; mehr unter www.norderney.de

Reiten

Die Reitroute der Insel hat eine vielversprechende Länge von beinahe 28 Kilometern. Unterricht und vieles mehr bietet die staatlich anerkannte Reitschule ***Junkmann***, und auch, wer sein eigenes Pferd mit auf die Insel bringen möchte, wird dort gut beraten; www.reitschule-junkmann.de

Schiffsausflüge

Die Reederei ***Norden-Frisia*** bietet von Norderney aus Ausflugsfahrten zu den benachbarten Ostfriesischen Inseln und Nationalpark-Erlebnisfahrten zu den Seehundbänken an (mit fachkundigen Erläuterungen durch Mitarbeiter der Nationalparkhäuser) oder auch Vergnügungsfahrten in See; www.reederei-frisia.de

Wassersport

Das Wassersportzentrum ***Am Hafen 17*** legt ein umfangreiches Angebot in den Bereichen Segeln (www.segelschule-noderney.de) sowie im Kajakfahren, Wellenreiten und Surfen vor – in Deutschlands größter Surfschule mit einer Kursvielfalt bis hin zum Freestyle- und Brandungssurfen (www.surfschule-norderney.de). Surfen hat eine überaus erfolgreiche Tradition auf Norderney: 1990 holte der Norderneyer Bernd Flessner seinen ersten Deutschen Meistertitel und bewegt sich stets unter den ersten Zehn in der Weltrangliste. Bekannt ist die Insel überdies für das alljährlich zu Pfingsten stattfindende ***White Sands Festival*** für Beachvolleyballer und Windsurfer; www.whitesandsfestival.de

Wattführungen

Von den Ostfriesischen Inseln nicht wegzudenken – erst recht nicht, seit das Wattenmeer Weltnaturerbe ist – sind die geführten Erkundungen des Meeresbodens. Wer, wann und wo Wattführungen anbietet, ist bei der Kurverwaltung zu erfragen und beim Nationalparkhaus im Hafen, das ein erlebnisreiches Angebot mit dem Titel ***Wild aufs Watt*** bereithält; www.nationalparkhaus-norderney.de

BALTRUM

Baltrum, das kleine Eiland in der Mitte der sieben ostfriesischen Inselschwestern, hieß einmal ***Balteringe*** (altfriesisch für ***Weideland***). Das geht aus einer Lehnurkunde hervor, die auf das Jahr 1398 datiert und von Häuptling Widzel tom Brok unterzeichnet wurde. Er war seinerzeit das Oberhaupt der Familie tom Brok, zu deren Herrschaftsgebiet die Ostfriesischen Inseln zählten. 1585 taucht die Insel in Dokumenten mit dem Namen ***Baltryge*** auf, was so viel heißt wie ***schlechter*** oder ***gefährlicher Rücken***.

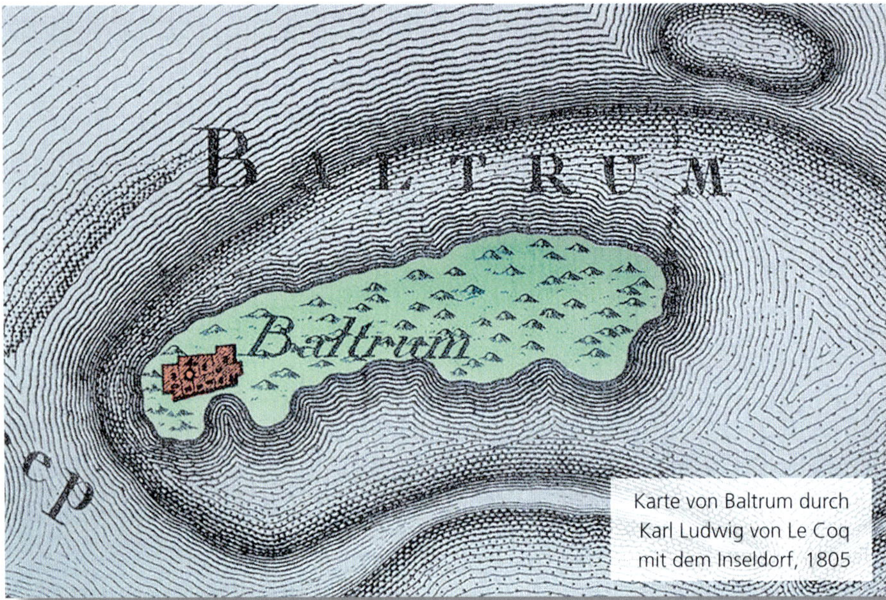

Karte von Baltrum durch Karl Ludwig von Le Coq mit dem Inseldorf, 1805

Viel älteren Ursprungs sind jene Deutungen, die davon erzählen, dass Baltrum einst eine religiöse Kultstätte gewesen sein soll. Dort habe man dem germanischen Frühlingsgott ***Balder*** gehuldigt und ihm ein Heim ***(Hum)*** gegeben. So oder so: eine Besonderheit des Eilandes ist es, dass es kaum Aufzeichnungen aus jener Zeit gibt, in der sich die ersten Bewohner auf der Insel niederließen. Was man weiß, ist, dass Baltrum in der Vergangenheit häufig schwersten Angriffen durch die See ausgesetzt war. Noch im 17. Jahrhundert war die Insel nach Westen um vier Kilometer länger. Wie stark Baltrum vom Meer deformiert wurde, wird bildhaft deutlich, wenn man sich vorstellt, dass das älteste Gotteshaus auf dem heutigen Ostende von Norderney gestanden haben muss. Auch hinterließ die Nordsee, nachdem 1717 und 1721 schwere Sturmfluten über die Insel hereingebrochen waren, eine tiefe Furche.

Die wenigen Einwohner verdienten sich ihren kargen Lebensunterhalt mit dem Gewinnen von Muschelkalk und damit, dass sie Schafe vom Festland auf ihrem Eiland weiden ließen. Somit ist es nicht verwunderlich, dass die Baltrumer keine eigene Kirchenglocke anschaffen konnten und anno 1735 dankbar die Burgglocke aus Esens als Geschenk annahmen. Um 1800 musste das Inseldorf aufgegeben werden, weil es versandete. So entstanden das Westdorf (etwa 800 Meter westlich der heutigen Insel) und eine Siedlung im Osten. In der Nacht vom 4. auf den 5. Februar 1825 wurde die Insel durch eine gewaltige Sturmflut, die beinahe alle Häuser zerstörte, in zwei Teile gerissen. Dort, wo sich bis zu jener Zeit das Westdorf befunden hatte, schwappen längst die Wellen – den Freizeitkapitänen ist dieses Areal zwischen Norderney und Baltrum als ***Othelloplate*** bekannt – benannt nach dem Wrack der TALLY O. 1826 wurde – zum mindestens fünften Mal – ein Gotteshaus gebaut, das bis heute genutzt wird und den Namen ***Alte Inselkirche*** trägt. Gleich nebenan befindet sich ein Glockengerüst samt eines Geläuts, das von einem gestrandeten holländischen Segelschiff stammt und längst zum Wahrzeichen der Insel geworden ist – ein Symbol, das sich auch im Wappen Baltrums wiederfindet. Nachdem 1872 die ersten Buhnen errichtet worden waren, wurde der Einfluss des Meeres geringer, und die Insel kam erstmals 1876 als Seebad ins Gespräch. 1892 und 1895 eröffneten die ersten Hotels, doch die Entwicklung des Fremdenverkehrs verlief beschaulich. Bevor der Zweite Weltkrieg ausbrach, kamen in der Saison etwa fünftausend Badegäste auf die Insel, 1960 waren es immerhin beinahe 17.000. Die Baltrumer hatten es ohne Zweifel nicht eilig, ihr Eiland mit zu vielen Besuchern zu teilen. So zumindest lässt es sich erklären, dass die Insel erst seit 1966 anerkanntes Nordseeheilbad ist und ihre Einwohner sie liebevoll ***Dornröschen der Nordsee*** nennen.

ALTE INSELKIRCHE

Sie ist das zweitälteste Gotteshaus auf einer ostfriesischen Insel und Mittelpunkt des Dorfes: die Alte Inselkirche. Sie entstand 1826 zu einer Zeit, in der die Baltrumer in kargen Verhältnissen lebten, denn erst ein Jahr zuvor war die sogenannte Februarflut über die Insel hereingebrochen. Entsprechend klein ist der Kirchenraum, der nur 50 Gläubigen Platz bietet. Auch der Glockenturm mutet bescheiden an, wenngleich er das Wahrzeichen der Insel birgt: ein einfaches Holzgerüst, in dem die Glocke eines holländischen Segelschiffs hängt. Diese Glocke, die einst am Strand von Baltrum angespült wurde, findet sich auch im Wappen der Insel wieder und ist Titel einer Gästezeitschrift, die während der Saison vom Heimatverein herausgebracht wird. In der Alten Inselkirche finden heute nur noch Taufen oder Trauungen statt und gelegentlich kulturelle Veranstaltungen.

GROSSES DÜNENTAL

Das dichtbewachsene Große Dünental im Inselosten ist bereits 1950 unter Naturschutz gestellt worden. Die interaktive ***Gezeitenpfad***-Station 9 gibt Auskunft über diese im besten Wortsinn vom Winde verwehte Landschaft, in der manches grünt und gedeiht, was andernorts nicht mehr zu finden ist – und somit seltene Vogelarten anzieht. Auch singt hier während des Frühlings die ***Baltrumer Nachtigall*** – so nennen die Insulaner jene Kreuzkröten, die sich im dortigen Sumpfgebiet heimisch fühlen.

Das »Alte Zollhaus«

HEIMATMUSEUM

Das ***Heimatmuseum Altes Zollhaus*** ist in zweifacher Hinsicht ein musealer Ort: Zum einen ist es den Mitgliedern des Heimatvereines gelungen, ein historisch wertvolles Gebäude der Insel zu erhalten, zum anderen bietet es der Vergangenheit Raum. Es handelt sich dabei um einen ***Bummert*** – eine ländliche Hausform, die allein in Ostfriesland zu finden ist und einst Platz für zwei Familien und deren Vieh bot. In diesem Baltrumer Gebäude waren früher auch eine Zollstation und eine Schwesternstation untergebracht, in der mancher Insulaner das Licht der Welt erblickte. 1998 begannen die Bemühungen, das geschichtsträchtige Haus als Museum zu bewahren, im Mai 2007 konnte die Eröffnung gefeiert werden. Die Ausstellung gibt heimat- und naturkundliche Einblicke, dokumentiert das einstige Leben auf Ostfrieslands kleinster Insel und hat dabei so manches Kleinod zu bieten. Ein Beispiel dafür ist zweifels-

ohne die Zigarrenkiste von Tjark Ulrich Honken Evers, deren Inhalt vom tragischen Ende des jungen Baltrumers erzählt. Einen Tag vor Heiligabend 1866 ließ sich der Seefahrtschüler von Westeraccumersiel nach Baltrum übersetzen, um mit seiner Familie Weihnachten zu feiern. Doch der Schiffer setzte den jungen Mann im dichten Nebel versehentlich auf einer Sandbank aus. Niemand hörte dessen Rufe, und so war das Schicksal des 21-Jährigen mit der steigenden Flut besiegelt. In seiner Verzweiflung schrieb Tjark Abschiedszeilen an seine Eltern und Geschwister in sein Notizbuch, legte es samt des Bleistiftes in eine Zigarrenkiste und knotete die Kiste in sein Halstuch. »Gott gebe, dass ihr diese Zeilen von meiner Hand erhaltet«, hatte er geschrieben und tatsächlich: Das von ihm geschnürte Paket wurde am 3. Januar 1867 am Strand von Wangerooge angetrieben und gelangte so zu seiner Familie; Tjarks Leichnam wurde nie gefunden. Diese und andere Geschichten werden dem Besucher per Audioführer, der im Eintrittspreis enthalten ist, geschildert. Das Heimatmuseum ist während der Saison werktäglich von 10 bis 12 Uhr sowie von 15 bis 18 Uhr und nach Absprache geöffnet (das gilt auch für Führungen); mehr unter www.baltrum.org

DAS DÜNENGRAB

Die Identifikation mit ihrer Heimat ist den Baltrumern naturgegeben. Schon immer. So kam es im Juli 1849 zu einem Ereignis, das den Baltrumern wohl wie ein göttlicher Fingerzeig erschien und darum in die Historie des Eilandes einging. Die Geschichte des Hendrik Dirk de Boer liest sich so tragisch wie sagenhaft. Der holländische Kapitän soll mit seiner Tjalk Jaltina aufgrund widriger Wasserstände im Watt vor Baltrum gelegen haben, als ihm nach einigen Tagen der Proviant ausging. Als der Schiffer im Dorf um Weißbrot und Genever bat, konnten ihm die Insulaner ob ihrer armseligen Lebensumstände allein Schwarzbrot und Ziegenmilch anbieten. Niemals wolle er auf so einem elenden Sandhaufen leben und erst recht nicht begraben sein, soll der Holländer daraufhin geflucht haben. Doch es kam anders. Weil der harte Ostwind blieb, musste Hendrik Dirk de Boer im Watt ausharren und verschied an Bord – einfach so, im Alter von 54 Jahren. Als die Besatzung der JALTINA den Toten auf dem Inselfriedhof begraben wollte, liefen die Insulaner Sturm. Ein christliches Begräbnis für einen, der Baltrum verflucht hatte? Niemals! Der Mann aus Veendam bekam schließlich einen Platz in den Dünen. Bis heute erinnert dort ein schlichter Gedenkstein mit niederländischer Inschrift an den unglückseligen Seefahrer. Die hölzerne Originalgrabstele befindet sich im Heimatmuseum.

GEZEITENHAUS UND GEZEITENPFAD

Das Nationalparkhaus Baltrums nennt sich ***Gezeitenhaus***, denn ein Themenschwerpunkt der Einrichtung ist das Phänomen Ebbe und Flut im Weltnaturerbe Nationalpark Wattenmeer. Neben einer Ausstellung zur Flora und Fauna des Eilandes werden in der Saison regelmäßig naturkundliche Inselführungen angeboten. Das ***Gezeitenhaus***, das sich in unmittelbarer Hafennähe befindet, öffnet mit Beginn der Osterferien und schließt mit Ende der Herbstferien; mehr unter www.gezeitenhaus-baltrum.de

Sieben Kilometer lang ist der sogenannte Baltrumer Gezeitenpfad; ein Lehrpfad, der 2006 anlässlich des 20-jährigen Bestehens des Nationalparks ***Niedersächsisches Wattenmeer*** eröffnet wurde. Er beginnt bei den Wattflächen am Hafen, führt über die Küstenschutzanlagen am Westkopf der Insel, quert den Strand und die Insel, verläuft entlang von Dünen und Dünentälern, kommt an den Hellerwiesen zurück nach Westen und endet im ***Gezeitenhaus*** von Baltrum, das 1987 als Nationalpark-

Der Sanddorn findet sich auf allen Ostfriesischen Inseln. Er wird auch Fasanenbeere genannt, denn die »Inselhühner« picken die leuchtenden Früchte gerne.

haus eröffnet worden ist. Es gibt 18 Stationen entlang des Pfades (vier davon sind interaktiv) mit Informationstafeln, die Einblicke in die Gezeiten, die Inselhistorie, den Küsten- und Naturschutz sowie in die touristische Entwicklung des Eilandes geben.

HISTORISCHES PFAHLSCHUTZWERK

Heute ist es ein Küstenschutzdenkmal, gebaut wurde es einst als Wellenbrecher: Das Historische Pfahlschutzwerk zwischen Westkopf und Hafen. Die etwa 300 Meter lange Holzkonstruktion ist das letzte Teilstück einer Schutzanlage, die zwischen 1883 und 1889 den gesamten Westkopf der Insel umspannte und so sichern sollte. In den Jahren 1930/1931 wurde sie von Grund auf erneuert, später unter Denkmalschutz gestellt und im Jahre 2008 wiederum instand gesetzt.

KIRCHEN

Kaum vorstellbar, aber wahr: Aufgrund der Verlagerung der Insel würden heute zwei der einstigen Baltrumer Kirchbauten auf Norderney stehen. Da die Alte Inselkirche mit dem aufkommenden Tourismus zu klein wurde, ließ die evange-

lisch-lutherische Gemeinde in den Jahren 1929/1930 eine neue Kirche errichten. 1959 erhielt das Gotteshaus zwei Seitenschiffe, 1964/1965 wurde zudem der Kirchturm erhöht und die bisherige Einzelglocke um zwei weitere kleinere Glocken ergänzt. Heute haben 300 Gläubige in dieser Kirche Platz. Dem heiligen Nikolaus ist die katholische Kirche Baltrums gewidmet. Das Gotteshaus hat eine Architektur, die gewissermaßen der Saison angepasst worden ist. Es besteht aus einem geschlossenen Bereich, in dem winters etwa 50 Besucher Platz finden, und bietet sommers einen reetgedeckten Vorhof für rund 300 Kirchgänger. Schöne Hingucker sind die bunten Glasfenster, die Szenen aus dem Leben des heiligen Nikolaus darstellen.

TOILETTEN

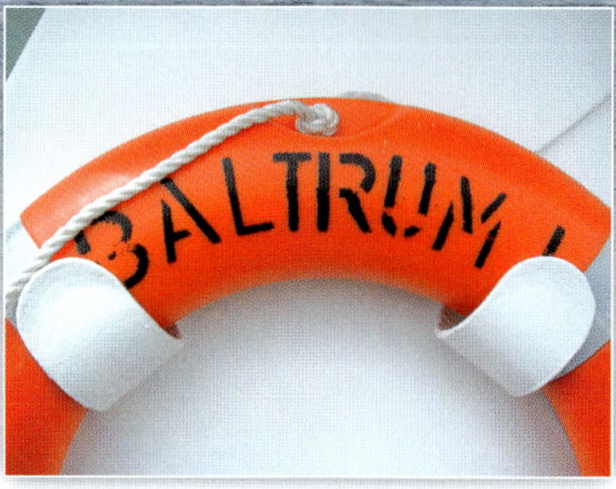
BALTRUM

Gepäck (mit d. BUS)
zum Bahnhof Norden
BALTRUM

KLUNTJE

Aus Ostfriesland ist Tee nicht wegzudenken und auch der dazugehörige Kandis *(Kluntje)* ist Pflicht. Wer während seines Baltrumaufenthaltes diese Teetradition pflegen möchte, sollte das alte Inselhaus mit der Nummer 29 im Westdorf aufsuchen. Im *Kluntje* gibt es den Tee vom Stövchen samt Selbstgebackenem in einem ostfriesischen Ambiente, das zu Recht denkmalgeschützt ist. Wenn das Wetter angemessen ist, kann man auch draußen das genießen, was die Karte an Leckereien offenbart; mehr unter www.kluntje.com

LACHMÖWENKOLONIE

Als kleinste ostfriesische Insel kann Baltrum die größte Lachmöwenkolonie Niedersachsens vorweisen. Seit mehr als zwei Jahrzehnten brüten alljährlich bis zu zehntausend Brutpaare im Westheller südlich des Ostdorfes auf einer Salzwiese – ein wiederkehrendes Naturschauspiel, das schon aufgrund seines »Schnäbelkonzerts« nicht zu überhören ist (***Gezeitenpfad***-Station 15 gibt Auskunft über die Lachmöwe und weitere Brut- und Rastvögel). Auch haben sich vor einigen Jahren erstmals Brandseeschwalben in Nachbarschaft der Lachmöwen niedergelassen, sodass auch diese Kolonie indessen die größte Niedersachsens ist.

WILLYS UTKIEK

Aufs Meer gucken und der nimmermüden Brandung lauschen ist an 365 Tagen im Jahr von ***Willys Utkiek*** oberhalb des Hauptbadestrandes aus möglich. Der Panoramablick lohnt sich – und wer sich ein Kissen mitbringt, möchte die Bänke in ***Willys Ausguck*** gar nicht mehr verlassen.

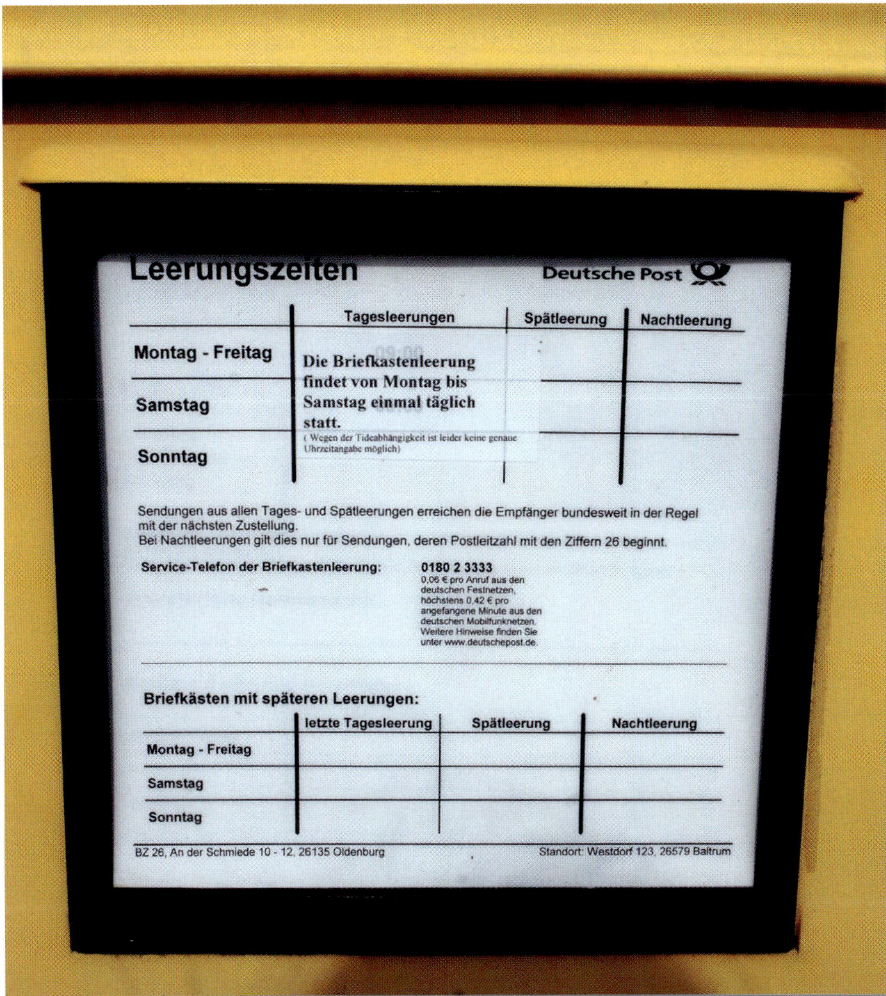

KURIOSES ZUR INSEL BALTRUM:

Man ist nicht lange auf der kleinsten bewohnten Insel vor Ostfrieslands Küste, bis einem dieser Spruch zu Ohren kommt: »In Baltrum ist man bald rum!« Es heißt, dass der Sandboden der Insel früher schmackhafte Kartoffeln hervorbrachte, die sogar von Fürst Bismarck verköstigt wurden und in Friedrichsruh auf den Tisch kamen. Vielleicht lag das an der Düngung mit Seetang.

Auf Baltrum gibt es keine Straßennamen. Hier orientiert sich der Unkundige an den Hausnummern, von denen es knapp 300 gibt.

Baltrum ist die kleinste der Ostfriesischen Inseln: Sie ist fünf Kilometer lang, an der breitesten Stelle etwa 1,5 Kilometer breit, hat eine Fläche von rund 6,5 Quadratkilometern und gehört zum Landkreis Aurich. Die autofreie Insel hat rund 500 Einwohner, ist tideabhängig und wird bis zu viermal täglich vom Hafen Neßmersiel aus angefahren (Überfahrt: etwa 30 Minuten). Wer mit der Bahn anreist, steigt in der Küstenstadt Norden aus und dort am Bahnhof in den Zubringerbus ***Baltrum-Fähre***, der bis zum Anleger in Neßmersiel fährt.
Infos: Reederei Baltrum, Telefon: 04933/99 16 06, www.baltrum-linie.de
Wer per Flugzeug übers Wattenmeer möchte, kann ganzjährig von Harlesiel aus nach Baltrum gelangen.
Infos: Luftverkehr Friesland-Harle, Telefon: 04464/948 10, www.inselflieger.de

Kurverwaltung Baltrum
Postfach 1355, 26574 Baltrum
Telefon: 04939/800, www.baltrum.de

Campen
Wer sich rechtzeitig anmeldet, kann auf dem Zeltplatz der Jugendbildungsstätte des Niedersächsischen Turnerbundes Urlaub machen. Statt Komfort gibt es hier von Mitte Mai bis Mitte September Dünenromantik mit Wattenmeerblick; www.jbs-baltrum.de.

Hundestrand
Leinenzwang gibt es auf allen Ostfriesischen Inseln – auch an den Hundestrandabschnitten. Hunde sind auf Baltrum dennoch willkommen: Strandabschnitt D ist für sie als Bereich ausgewiesen; auch ist auf der Insel für ausreichend Hundetütenspender gesorgt.

Inselkultur
Überraschend vielfältig präsentiert sich die Theatergruppe des Kultur- und Sportvereins Baltrum, die jährlich während der Saison drei Stücke im wöchentlichem Wechsel zeigt. Schauplatz der Inselbühne ist die Turnhalle. Und auch sonst sind die Baltrumer in Sachen Kulturprogramm aktiv: es singen und musizieren in der Saison die ***Balt'mer Korben*** (Shantys), ***De Fleitjes van Baltrum*** (Flötenmusik) und die Gitarrengruppe. Wer selber singen möchte: Im Sommer trifft man sich mittwochabends zum ***Dünensingen*** hinter der katholischen Kirche.

Onnos Kinderspöölhuus

Die kleinen Baltrumgäste fühlen sich in ***Onnos Kinderspöölhuus*** im Westdorf zu Hause. Auch, weil man hier schon vor dem Haus ein Piratenschiff entern kann. Ein maritimes Vergnügen für Klein und Groß (!) ist überdies der wattenseitige Spielteich zwischen West- und Ostdorf. Hier können Freizeitkapitäne ihre Schiffchen auf große Fahrt schicken.

SindBad

Wellness und Badespaß verspricht das Baltrumer ***SindBad*** im Haus Nummer 240. Wer sich hier mit Thalassoanwendungen verwöhnen lassen oder einfach nur saunieren möchte, kann das Angebot ganzjährig nutzen; mehr unter www.baltrum.de

Stadtlander

Das Kaufhaus des Inseldorfes heißt kurioserweise ***Stadtlander***. Es liegt gegenüber von Rathaus und Kurverwaltung und hat indessen modernen Shoppingcharakter. Hier findet man Postkarten, Strandlektüre und auch einen Badeanzug, falls man seinen zu Hause vergessen hat.

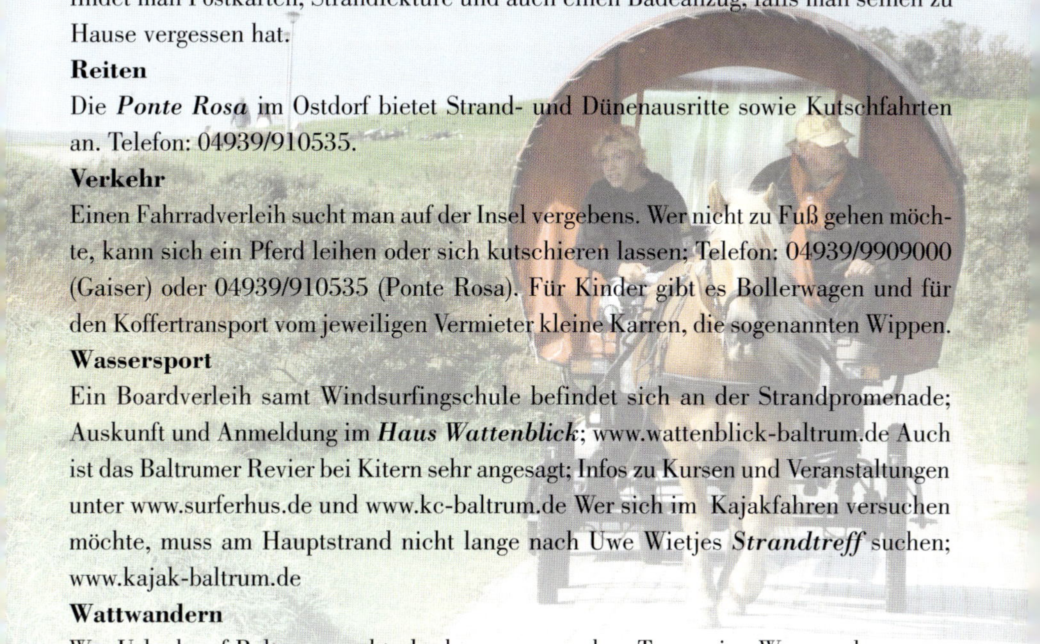

Reiten

Die ***Ponte Rosa*** im Ostdorf bietet Strand- und Dünenausritte sowie Kutschfahrten an. Telefon: 04939/910535.

Verkehr

Einen Fahrradverleih sucht man auf der Insel vergebens. Wer nicht zu Fuß gehen möchte, kann sich ein Pferd leihen oder sich kutschieren lassen; Telefon: 04939/9909000 (Gaiser) oder 04939/910535 (Ponte Rosa). Für Kinder gibt es Bollerwagen und für den Koffertransport vom jeweiligen Vermieter kleine Karren, die sogenannten Wippen.

Wassersport

Ein Boardverleih samt Windsurfingschule befindet sich an der Strandpromenade; Auskunft und Anmeldung im ***Haus Wattenblick***; www.wattenblick-baltrum.de Auch ist das Baltrumer Revier bei Kitern sehr angesagt; Infos zu Kursen und Veranstaltungen unter www.surferhus.de und www.kc-baltrum.de Wer sich im Kajakfahren versuchen möchte, muss am Hauptstrand nicht lange nach Uwe Wietjes ***Strandtreff*** suchen; www.kajak-baltrum.de

Wattwandern

Wer Urlaub auf Baltrum macht, der kann an manchen Tagen eine Wattwanderung an das sechs Kilometer entfernte Festland und zurück unternehmen – allerdings nicht ohne professionelle Begleitung! Geführte Meeresbodenerkundungen bieten Hansjürgen und Friederike Barow (04939/910327) oder das Nationalparkhaus (04939/469) an. Sogar ein internationales Schachturnier gehört zum Kulturprogramm ***Watt***; mehr unter www.baltrum.de

LANGEOOG

Die Bezeichnung »Langeoog« lässt sich von allen Namen der ostfriesischen Eilande am einfachsten erklären: Sie ist eben die ***Lange Insel.*** Ihre Existenz wurde erstmals im Jahr 1398 durch eine Urkunde der ostfriesischen Häuptlinge Widzel tom Brook und Folkmar Allena belegt. Die Annalen berichten davon, dass die Insel schon im 14. Jahrhundert besiedelt war. Melchior Edden Gramers war der erste Bewohner, der seinen Namen in der Geschichte der Insel hinterließ. 1636 schrieb der damalige Inselvogt an seinen Landesherrn nach Aurich; zu jener Zeit lebten gerade mal drei Dutzend Menschen auf der Insel. Man muss wissen, dass ein Inselvogt zu jener Zeit der wichtigste und bedeutendste Mann auf einem Eiland war. Lief ein Schiff am Meeressaum auf, so war es samt

238
2451
168
2054
321

seiner Ladung nach altem Recht herrenloses Strandgut – und den in armseligen Verhältnissen lebenden Insulanern ein willkommenes Ereignis. Doch die Landesherren, die ansonsten nur wenig Interesse an den kargen Inseln hatten, ließen sich diese Einnahmequelle nicht gänzlich entgehen. Der von ihnen eingesetzte Inselvogt hatte darüber zu wachen, dass das begehrte Strandgut zu je einem Drittel an den Besitzer, die Insulaner und den Landesoberen aufgeteilt wurde. Dass die Langeooger – wie alle ihre Inselnachbarn – so manches Mal schneller am Strand waren, als ihr Vogt laufen konnte, versteht sich von selbst. Zu bescheiden waren die Lebensverhältnisse auf der ***langen Insel***, die immer mal wieder vom Blanken Hans heimgesucht wurde. Anno 1714 waren die Langeooger sogar derart verarmt, dass sie von Steuern und Abgaben befreit wurden. Drei Jahre hinterließ die Weihnachtsflut den sogenannten ***Großen Schlopp*** – einen Durchbruch in der Inselmitte, bei dem auch die Kirche, die erst 1706 errichtet worden war, unterging. Nur vier Familien blieben standhaft. Doch als sich 1721 das Meer wiederum über das Eiland hermachte, verließen auch sie ihr Zuhause und gingen aufs Festland.

1723 versuchten einige Helgoländer ihr Glück auf der verlassenen Insel zu machen, doch sie gaben schon nach wenigen Jahren auf. Erst ab 1732 gab es wieder eine dauerhafte Besiedelung auf Langeoog, denn drei Familien aus Holstein trotzten den widrigen Bedingungen. Ihren Lebensunterhalt bestritten sie mit dem Verkauf von Muschelschill und durch Fischfang. Auch Walfänger hat es gegeben. Da die brachen Flächen immer wieder versandeten, brachten Landwirtschaft und Viehhaltung kaum etwas ein. 1749 gab es im Westen der Insel vier Gehöfte und im Ostteil die heutige ***Meierei*** – ein großzügiges Haus, das sich der Inselvogt Hayung Taken unerlaubterweise errichtet hatte. Taken wurde zwar seines Amtes enthoben, aber er schloss daraufhin einen Pachtvertrag mit dem Amt Esens, und so entstand die Staatsdomäne Ostende.

Zur napoleonischen Zeit, als Ostfriesland und seine Inseln den Namen ***Department Oost-Vriesland*** trugen, hielten sich 200 französische Soldaten im Osten Langeoogs auf. Sie sollten das Meer im Blick haben und verhindern, dass England Seehandel betreiben konnte. Das war auch die Aufgabe der französischen Kanonenboote, die im Seegatt zur Nachbarinsel Spiekeroog dümpelten. Die Langeooger indes, die sich im Wattenmeer bestens auskannten, segelten an den Aufpassern vorbei nach Helgoland, um sich auf der seinerzeit britischen Insel mit Waren einzudecken und sie daraufhin einträglich auf dem Festland zu verkaufen. Die Schmuggelei hatte ab 1813 ein Ende, als Langeoog wieder Preußen zugesprochen wurde. 1825 wurden die Insulaner erneut von einer großen Sturmflut überrascht, die das ***Kleine Schlopp*** hinterließ. Lange

Zeit bestand Langeoog nun aus drei Teilen, doch mit den Jahrzehnten wuchs das Eiland wieder zu seiner heutigen Erscheinungsform zusammen.
Auf Langeoog hatte es sich längst herumgesprochen, dass die Norderneyer 1797 ein Seebad gegründet hatten, denn sie lieferten dorthin Möweneier, die den Sommerfrischlern als Frühstücksspezialität gereicht wurden. Dass die ersten Badegäste 1830 den Weg nach Langeoog fanden, ist den Anstrengungen des späteren Esenser Amtsrichters Albert Wilhelm von Wangerow zu verdanken – eine wöchentliche Überfahrt machte es möglich. Als 1843 eine Fährverbindung von Bensersiel nach Langeoog eingerichtet wurde, die häufiger und regelmäßig übers Wattenmeer fuhr, kamen auch mehr Besucher. 1851 zählte man 100, 1884 bereits 703 Gäste. In jenem Jahr übernahm das säkularisierte Kloster Loccum vom Steinhuder Meer die Seebadeanstalt samt des Kurbetriebes, baute ein Hospiz und schuf eine strenge Badeordnung. Als der Fremdenverkehr einträglicher wurde, 1888 sogar eine ***Reederei Esens-Bensersiel-Langeoog*** gegründet wurde, konnten die Insulaner einen Teil der Einnahmen in den Deichbau am ***Kleinen*** und am ***Großen Schlopp*** investieren. 1890 entstand die Inselkirche, um den Kurgästen ein ausreichend großes Gotteshaus bieten zu können. Im Jahr 1892 wurde eine Landungsbrücke errichtet, die den Besuchern der Insel eine bequemere Ankunft ermöglichte – zuvor hatten sie direkt vom Schiff in die Pferdewagen steigen müssen. 1901 schließlich wurde eine Pferdebahn angelegt, mit der sich die Badegäste von der Fähre bis zum Hospiz Loccum bringen lassen konnten. 1927 kaufte die Gemeinde Langeoog die Reederei samt Pferdebahn. Diese nennt sich seither »Schifffahrt der Inselgemeinde Langeoog«. Der Badebetrieb ist in jenem Jahr auch von der Gemeinde übernommen worden. Die staatliche Anerkennung zum Nordseeheilbad bekam Langeoog 1949. Seit 1976 verfügt die Insel über einen tideunabhängigen Hafen, in dem die Fähren täglich mehrfach verkehren. Auch ein Flugplatz macht die Anreise einfacher. Dass die Gäste heutzutage nur mehr sieben Minuten vom Anleger zum Inselbahnhof benötigen, macht die kunterbunte Inselbahn möglich, deren Anfänge auf das Jahr 1937 zurückgehen.

DÜNENFRIEDHOF

Der Dünenfriedhof liegt am nordwestlichen Rand des Inseldorfes. Dort wurde 1959 ein Ehrenmal zum Gedenken an die Gefallenen und Vermissten des Zweiten Weltkrieges eingeweiht – ein darin eingemauerter Messingkasten enthält ein Buch mit den Namen. Eine weitere Gedenkstätte erinnert an 300 vertriebene Deutsch-Balten, die im März 1945 auf die Insel kamen und von denen mancher dort verstarb. Ein weiteres trauriges Kapitel der Langeooger Geschichte handelt von 450 russischen Kriegsgefangenen, die 1941 beim Bunkerbau und der Befestigung der Dünen unter unmenschlichen Bedingungen arbeiten mussten. Viele kamen dabei um. Der Volksbund Deutsche Kriegsgräberfürsorge ließ auf dem Dünenfriedhof Sandsteintafeln mit den Namen der Russen aufstellen.

FLINTHÖRN

Das Naturschutzgebiet ***Flinthörn*** im Südwesten der Insel gehört zur Ruhezone des Nationalparks. Jahrhunderte war das ***Flinthörn*** lediglich ein hoher Strand mit einem durch die Gezeiten nach Süden umgebogenen Fluthaken (plattdeutsch: ***Hörn***). Dann kam die Sturmflut von 1825, die dort Trümmer von zerstörten Baltrumer Häusern antrieb, aus denen durch Sandablagerungen die ersten Dünen entstanden. Auf höher gelegenen Schillflächen (Muschelschalen) brüten vom Aussterben bedrohte Seevögel. Auf den benachbarten Salzwiesen sind unter anderem Rotschenkel und Uferschnepfen zu Hause. Seit 1999 führt ein Naturlehrpfad zwischen den Dünen und dem Fluthaken hindurch zu einer Plattform, die mit einer Informationshütte der Nationalparkwacht und einem Fernglas ausgestattet ist. Zudem kann man an Flinthörn-Führungen teilnehmen. Apropos: Der Langeooger Shantychor ***de Flinthörners*** hat sich den Namen des großen Naturschutzgebietes zu eigen gemacht.

SEEMANNSHUS

Das weißgetünchte ***Seemanshus*** am Rande der Kaapdünen ist Heimatmuseum und Standesamt in einem. Das Haus an der Ecke Caspar-Döring-Pad heißt so, weil der letzte Eigentümer Seemann hieß – und nicht weil er die Meere befuhr. Das schmucke Gebäude aus dem Jahre 1844 beherbergt in mehreren Räumen Mobiliar von ***anno dazumal*** und zahlreiche Gegenstände aus dem einstigen Alltag der Inselbewohner – begleitet wird der Besucher bei seinem Rundgang vom Knarren alter Holzdielen. Im Trauzimmer finden sich historische Fotografien von Langeooger Hochzeitsgesellschaften und dicke Alben, denn jedes Paar, das im ***Seemanshus*** den Bund fürs Leben schließt, wird prompt abgelichtet. Originell ist auch der Klinkerpfad, der rund um das alte Inselhaus führt: Dessen Backsteine tragen die Initialen der Brautpaare und deren Hochzeitsdaten. Heiraten kann man übrigens auch im Rathaus-Standesamt oder auf dem Fahrgastschiff LANGEOOG I.

HÖHENPROMENADE

Die Langeooger können von sich behaupten, dass sie die höchstgelegene Strandpromenade aller ostfriesischen Inseln haben. Die Höhe der anderthalb Kilometer langen Wegstrecke liegt zwischen 15 bis 20 Metern – angefangen im Westen beim Strandaufgang ***Kirchpad*** bis zum Strandaufgang ***Gerk-sin-Spoor***. Auf dem höchsten Punkt steht die Strandhalle.

INSELBAHN

Die Inselbahn hat eine über hundertjährige Geschichte: 1901 als Pferdebahn in Betrieb genommen, wurde sie 1936 durch eine motorisierte Inselbahn mit Tausend-Millimeter-Spurweite ersetzt. Wer heute am Anleger Langeoog aussteigt, steht prompt vor den farbenfrohen Waggons des Zuges, der die Urlauber auf nostalgisch anmutenden Holzsitzen in wenigen Minuten zum Inselbahnhof bringt. Am Bahnhof ist immer Betrieb, denn dort warten schon die Abreisenden und auch die Männer mit den weißen Schirmmützen, die sich ums Gepäck kümmern. Wer möchte, kann sich ein Kutschtaxi mit zwei Pferdestärken nehmen, das vor dem Bahnhof wartet.

KIRCHEN

Die evangelische Inselkirche entstand in den Jahren 1888–1890 und wurde 1958 erweitert. Viel diskutiert wird das Altarbild des Gotteshauses, das der Norder Maler Hermann Buß im Jahr 1990 geschaffen hat. Eine Assoziation zur biblischen Geschichte ist für manchen Betrachter in keiner Weise gegeben, anderen Kirchenbesuchern erscheint das Gemälde mit dem gestrandeten Ozeanriesen als ein vielsagendes Motiv. Der Glockenturm hat eine Höhe von 24,5 Metern und fünf Glocken; die älteste von ihnen schlägt zur vollen Stunde.

Die katholische Kirche St. Nikolaus steht am Strandjepad – direkt am Strandaufgang. Die Gemeinde wird von Esens aus betreut. Das Gotteshaus wurde in den 1960er-Jahren

erbaut und dem heiligen Nikolaus geweiht, dem Schutzpatron der Seefahrer. Auffällig ist der geschwungene Glockenturm, der wie ein Schiffssteven geformt ist und die Nähe zum Meer symbolisieren soll. Er wird auch spaßeshalber ***Möwenrutschbahn*** oder »Nonnenrutsche« genannt.

LALE ANDERSEN

Lale Andersen (1905–1972) ist als Interpretin des Soldatenliedes ***Lili Marleen*** in die deutsche und internationale Musikgeschichte eingegangen. Die Sängerin lebte zeitweise auf Langeoog im ***Sonnenhof*** und ist auf dem Dünenfriedhof beerdigt worden. Im ihrem reetgedeckten ***Sonnenhof*** befindet sich ein Café, in dessen Räumlichkeiten Erinnerungsstücke an

Lale Andersen ausgestellt sind. Zu ihrem 100. Geburtstag wurde unterhalb des Wasserturmes eine lebensgroße Lale-Bronzestatue samt Laterne enthüllt; eine Arbeit der Langeooger Goldschmiedin Eva Recker. Auch wird der berühmten Sängerin im ***Seemanshus*** mit Dokumenten aus ihrem Leben gedacht. Verführerisch: die ***Süsse Lale***, die man in Langeoogs Bäckereien kaufen kann.

MEIEREI

Es war der Langeooger Vogt Taaken, der sich 1741 im Osten der Insel ein Haus baute. Es avancierte ab 1828 zum beliebten Ausflugslokal, und von hier aus wurde später auch das Inselhospiz Kloster Loccum unter anderem mit Milch, Gemüse und Eiern beliefert. Heute stärken sich dort (Rad-)Wanderer mit Milchspezialitäten oder Leckerem aus Sanddorn; auch, weil der Weg zur ***Meierei*** am Ostende bei Gegenwind eine Herausforderung ist.

MELKHÖRNDÜNE

Die Melkhörndüne erhebt sich viereinhalb Kilometer vom Inseldorf entfernt am Ende des Großen Schlopps. Einst 21,3 Meter hoch, galt diese Düne als höchste natürliche Erhebung Ostfrieslands. Doch Wind und Wetter ließen sie mit der Zeit auf 19 Meter schrumpfen. Ganz in der Nähe, mitten im grünen Dünental, befinden sich die Jugendherberge ***Domäne Melkhörn*** und das Zeltlager der Sportjugend Niedersachsen – zum Strand sind es von hier aus nur hundert Meter.

RETTUNGSBOOT

Gegenüber vom Haus der Insel ist das ehemalige Rettungsboot LANGEOOG zu sehen, das Anfang der 1980er-Jahre außer Dienst gestellt wurde. Es erinnert an die Geschichte des Seenotrettungswesens, das auf der Insel mit einem Ruderboot begann. Im Hafen von Langeoog ist heute das Rettungsboot CASPAR OTTEN der Deutschen Gesellschaft zur Rettung Schiffbrüchiger (DGzRS) stationiert. Und: Am östlichen Dorfrand befindet sich auf dem Sockel einer Radarstation aus dem Zweiten Weltkrieg die ehemalige Seenotbeobachtungsstation – von dort hat man einen Rundblick auf Insel, Watt und Meer.

ANGEOO

OSTERHOOK

Ein ausgebauter Rad- beziehungsweise Wanderweg führt über elf Kilometer vom Dorf zum Osterhook – dem östlichsten Zipfel der Insel. Er führt an der Melkhörndüne, am Vogelwärterhäuschen und an der Meierei vorbei. Wo die Straße endet, ist es nur noch ein kleiner Fußmarsch auf dem Naturpfad Ostspitze bis zur Info- und Schutzhütte, die auf einer Düne thront. Von der Plattform aus hat man einen schönen Blick aufs Meer und auf die nahe Insel Spiekeroog. Bei Niedrigwasser sind vor allem die Sandbänke interessant, denn sie sind Rastplätze vieler Seehunde. An dieser Stelle noch einige Infos zum Vogelwärterhäuschen: Es bietet eine Dokumentation zur Langeooger Vogelwelt und vor seiner Tür einen Aussichtspunkt. In der zur Ruhezone gehörenden Möwenkolonie brüten alljährlich mehr als 3.000 Silber- und Heringsmöwen.

PIROLATAL

Das beinahe zwei Kilometer lange und bis zu 300 Meter breite Pirolatal verdankt seinen Namen einer kleinen Pflanze, die dort aber nicht mehr wächst – das ***Rundblättrige Wintergrün*** (lat. Pyrola rotundifolia). Der Grund dafür ist Langeoogs Trinkwasserversorgung: Unter dem Pirolatal befindet sich eine große Süßwasserlinse, deren Nutzung den Wasserspiegel in den Dünen sinken lässt und zu Trockenheit führt. Am Ende des Pirolatales lohnt sich ein Blick vom Sommerdeich aus über das ***Große Schlopp*** mit dem Schloppteich. Dort wurden Langeoogs Dünengebiete während der verheerenden Weihnachtsflut anno 1717 in drei Stücke zerrissen. Erst im Jahre 1906 entstand hier ein Deich, mit dem die Lücke in der Dünenkette geschlossen werden konnte. Und auch in der Gegenwart sorgen Sturmfluten dafür, dass die Schutzdüne vor dem Pirolatal immer mal wieder durch Sandaufschüttungen verstärkt werden muss. In diesem Bereich entstand in jüngster Zeit eine neue künstliche Dünenkette.

SCHIFFFAHRTS-MUSEUM MIT NORDSEEAQUARIUM

In mehreren Räumen auf zwei Etagen präsentiert sich das Schifffahrts-Museum im Haus des Gastes. Der Grundstock des Museums wurde 1981 gelegt, als der langjährige Langeoog-Gast und ***Nautiquitäten***-Sammler Artur Rose seine hochwertige Sammlung zur Geschichte der Seefahrt zur Verfügung stellte: unter anderem Schiffsmodelle, Navigationsgeräte, Buddelschiffe und allerlei maritime Dokumente wie Logbücher und Passagierlisten. Das wohl kostbarste Modell stellt die französische Fregatte Le Mystère dar. Sie wurde zwischen 1795 und 1815 von französischen Seeleuten in englischer Kriegsgefangenschaft gefertigt – aus Rinder- und Hühnerknochen. Die Takelage besteht aus Menschenhaar. Auch im Museum zu sehen: auf filigrane Weise gravierte Walknochen. Ein lebendiger Fundus, besonders für die kleinen Besucher, ist das Meerwasser-Aquarium, in dessen Becken sich allerhand gut getarnte Seebewohner tummeln.

WÄLDCHEN

Das sogenannte ***Wäldchen*** auf dem ehemaligen Rollfeld des Fliegerhorstes entstand auf Initiative eines Apothekers. Der glaubte seinerzeit, dass die Erde aufgrund der untergepflügten Bitumenteile einen guten Nährboden für Pflanzen abgeben würde. Der Erfolg gab ihm recht, und so kam es, dass das Gelände gezielt aufgeforstet wurde und man dort rund 35.000 Bäumchen anpflanzte – heute ist das ***Wäldchen*** eine grüne Oase. Man kann das ***Wäldchen*** auf einem Fitnesspfad sowie auf Wander- und Reitwegen erkunden. Gleich nebenan befindet sich eine Kleingartenbauanlage, in der Insulaner ihr eigenes Gemüse ziehen.

WASSERTURM

Der Wasserturm auf der Kaapdüne ist das Wahrzeichen der Insel – 32 Stufen führen die Düne hinauf zu seinem Fundament. Das 18 Meter hohe Gebäude ist 1909 errichtet worden. Sein Bau wurde nötig, weil eine schwere Sturmflut im Jahre 1906 das Wasser vieler Hausbrunnen verschmutzt hatte. Besteigt man den Turm über die 80 Stufen seiner Wendeltreppe, so hat man oben auf der Aussichtsplattform in 23 Metern über Normalnull einen lohnenswerten Blick über die Insel, die Nordsee und zum Festland. Im Erdgeschoss des Turmes

Nordseehotel Kröger
Verleih Inselcenter
Friseur & Boutique Wilken
Buchhandlung Krebs
Dwarslooper
Café Golfstube
"Das Fischgeschäft"
Inselbäckerei
Restaurant Landhaus

Pinese
POST

befindet sich eine kleine Ausstellung zum Thema ***Trinkwasser für Langeoog***, denn das markante Gebäude diente den Insulanern bis 1994 als Trinkwasserspeicher; in jenem Jahr entstand beim Wasserwerk ein modernes Speicherbecken. Interessantes rund um die Trinkwasser-Gewinnung und -Versorgung Langeoogs findet sich überdies im Infohaus ***Altes Wasserwerk***.

696
238

KURIOSES ZUR INSEL LANGEOOG:

Die Redensart »Up 'n Backschöffel van Langeoog na Spiekeroog tolangen« ist schon einige Jahrhunderte alt. Der Chronist Ulrich von Werdum schrieb um 1670, dass die Inseln Langeoog und Spiekeroog nur durch ein schmales Rinnsal vom Festland getrennt gewesen seien und die Küstenbewohner den Insulanern – und umgekehrt – das Brot kurzerhand per Backstange hätten hinüberreichen konnten. Der Inselpastor Peter Friedrich Ludwig Hoffmann hat sein Glück auf Langeoog nicht gefunden. Nach nur vier Dienstjahren kehrte er 1863 aufs Festland zurück. Er sah seine Schäfchen in keinem guten Licht und richtete im Juni 1862 ein viele Seiten umfassendes Schreiben an das Amt Esens, in dem er sich bitter über seine Gemeindemitglieder beklagte. Die zuständige Obrigkeit legte daraufhin die ***Acta betr. die moralische Verdorbenheit der Bewohner von Langeoog und die zur Hebung des sittlichen Wohls polizeilicherseits getroffenen Maßregeln*** an.

Langeoog ist zwölf Kilometer lang und an seiner »dicksten« Stelle etwa vier Kilometer breit. Das autofreie Eiland ist mit einer Fläche von 19,6 Quadratkilometern die drittgrößte der Ostfriesischen Inseln und hat rund 2.000 Einwohner.
Die Insel ist tideunabhängig zu erreichen und wird mehrfach täglich vom Hafen Bensersiel aus angefahren (Dauer: 60 Minuten). Am Anleger gibt es ausreichende Unterstellmöglichkeiten für Autos; mehr unter www.schiffahrt-langeoog.de
In der Saison werden Linienflüge von Harlesiel (www.inselflieger.de), Norden-Norddeich (www.fln-norddeich.de) und Emden (www.olt.de) angeboten.
Wer mit der Bahn an die Küste reist, kann bis Esens fahren (www.nordwestbahn.de) oder bis nach Sande und dort den »Tidebus« bis zum Anleger nach Bensersiel nehmen.

Kurverwaltung Langeoog
Hauptstraße 28, 26465 Langeoog
Telefon: 04972/693210, www.langeoog.de

Golf
Südlich des Flugplatzes können sich Interessierte im Golfen erproben: Der 9-Loch-Platz ***An 't Diek*** macht es möglich. Mit das Besondere an diesem Platz und seinem Biotopmanagement sind die fünf ***Greenkeeper*** – sogenannte ***Weißgehörnte Heidschnucken***; www.golfclub-insel-langeoog.de

Haus der Insel

Kulturelles wird im ***Haus der Insel***, dem Veranstaltungshaus im Kurzentrum, präsentiert. Während der Saison sind Entertainer vom Festland eingeladen, die für die Unterhaltung der Gäste sorgen – aber auch Langeooger Gruppen wie ***de Flinthörners*** sind dort regelmäßig vertreten.

Hunde

Aufgrund des Nationalparkgesetzes herrscht auf der ganzen Insel Leinenpflicht. Es gibt einen separaten Hundestrand westlich des Badestrandes, wo man auch Strandkörbe mieten kann. Auch im Osten (Übergang Seenotbeobachtungsstation) ist es erlaubt, seinen Hund in Richtung Ostende mit an den Strand zu nehmen.

Jugendherberge

Die Jugendherberge befindet sich in der ***Domäne Melkhörn*** – etwa vier Kilometer östlich vom Ort. Wer einen DJH-Ausweis hat und sich vorher anmeldet, ist den Herbergseltern Hohmann (Telefon: 04972/276) in der Zeit von Mitte April bis September willkommen; mehr unter www.djh-unterweser-ems.de

Meerwasser-Erlebnisbad

Das Meerwasser-Freizeit- und Erlebnisbad befindet sich im Kurzentrum. Im Angebot: eine Dünensaunalandschaft, ein Wellnessbecken und Geysire. Spaßig: die 42 Meter lange Rutsche; mehr unter www.langeoog.de

Kinder

Die Insel bietet seinen kleinen Gästen neben einer eigenen bunten Internetseite (www.langeoog-kids.de) ein umfangreiches Programm kontra Langeweile: Das ***Spöölhus*** am Kavalierpad ist ein lebendiger Ort, an dem man sich drinnen und draußen austoben kann. Die ***Spöölstuuv*** schräg gegenüber ist eher was für die stillen Momente, denn dort können die Kinder basteln oder gemeinsam Spiele ausprobieren.

Kunst

Wer auf Langeoog von Kunst spricht, ist bei ihm an der richtigen Adresse: Anselm Prester ist der Inselmaler. Er gibt sein Können in der Saison in einwöchigen Malkursen (für Erwachsene und Kinder) in seinem Atelier am Meer weiter. Auch bietet er alljährlich im Frühjahr eine Ferienakademie an; www.atelier-am-meer-langeoog.de

Reiten

Die Reithalle Kuper bietet diverse Kutschfahrten über die Insel an und auch Reitunterricht (www.reithalle-kuper-langeoog.de). Der Reiter- und Ponyhof ***To'n Peerstall*** im Schniederdamm hat Ponyreiten, Unterricht und Strandausritte im Programm. www.langeoogerreiterhof.de

Schiffsausflüge

Nach dem bewährten Motto »Eine Seefahrt, die ist lustig« kann man mit der ***Schifffahrt der Inselgemeinde*** Ausflüge zu den Nachbarinseln, nach Helgoland oder zu den Seehundbänken unternehmen; www.schiffahrt-langeoog.de

Sportlich

Langeoog nennt sich ***Insel fürs Leben*** und ist weithin als die Sport-Insel bekannt. Bereits vor dem Ersten Weltkrieg trafen sich die Sommerfrischler zur Strandgymnastik und nahmen an sportlichen Wettkämpfen teil. Die Möglichkeiten, im Langeoog-Urlaub aktiv zu werden sind heutzutage besonders vielfältig. So lädt am Strandübergang am Warmbadweg der Sportpalast ein – das Domizil des Sportteams. Dessen Sportanimateure versammeln den ganzen Tag über Aktive am Strand um sich und gehen bei schlechtem Wetter einfach in das ***Sporthus*** an der Höhenpromenade. Von Mai bis September kann man dort auch unter fachmännischer Anleitung das Deutsche Sportabzeichen erwerben – mehr als 500 Teilnehmer im Jahr sind da kein Zufall! Weiterhin kann man auf der Insel Walken, Tennis oder Schlagball spielen, Yogakurse besuchen, Bogenschießen und so weiter und so weiter. Es kommt eben nicht von ungefähr, dass mehr als 650 der etwa 2.000 Langeooger im Turn- und Sportverein Mitglied sind.

Verkehr

Auf Langeoog fährt man Rad! Weil in der Saison sehr viele davon unterwegs sind, ist der Ortskern dann zeitweise gesperrt, das heißt: Man muss seinen Drahtesel dort schieben. Ein Fahrrad zu bekommen ist kein Problem, es gibt mehrere Verleihstellen. Wer es gemütlicher mag, bestellt sich ein Kutschtaxi – es gibt drei Anbieter vor Ort. Autos sind auf der Insel tabu: außer den Fahrzeugen von Feuerwehr und Rettungsdienst. Auch sind Elektrokarren zu Transportzwecken im Einsatz.

Wassersport

Segeln im Weltnaturerbe Wattenmeer ist ein reizvolles Erlebnis – zum Beispiel mit einem komfortablen »Küstenkatamaran«. Wer den Segelsport auf Langeoog für sich entdecken möchte, findet Informationen unter www.segelschule-langeoog.de, www.seglerverein-langeoog.de oder unter www.foletta.de

Wattführungen

Über Termine für Wattwanderungen, bei denen der amphibische Lebensraum vor Langeoog erkundet wird, gibt die Kurverwaltung Auskunft oder www.langeoog-online.de Es gibt eine Strecke für richtig Durchtrainierte, die auf dem Festland in Neuharlingersiel beginnt und zehn Kilometer durchs Watt bis an das Ostende Langeoogs verläuft (Dauer: annähernd vier Stunden), von dort zu Fuß in den Inselhafen führt (weitere zehn Kilometer), wo man dann die Fähre nach Bensersiel besteigt – es sei denn, man möchte noch auf dem Eiland bleiben.

SPIEKEROOG

Spiekeroog soll den Überlieferungen nach den Festländern als *Speicherinsel* gedient haben. Ob das Eiland, wie es manche Erzählung besagt, so auch zum Versteck für Klaus Störtebeker und seine Vitalienbrüder wurde, ist nicht erwiesen. Allerdings berichten die Annalen davon, dass die Insulaner 1450 ihr ganzes Hab und Gut an Seeräuber verloren haben. Erstmals 1398 als *Spickeroch* erwähnt, wurde die Insel 1738 auf einer Landkarte *Spieker-Oeg* und 1743 auf einer Grenzziehungskarte zwischen Ostfriesland und dem Jeverland *Spijkerooge* genannt. Wann genau man sich auf eine fortwährende Schreibweise festlegte, ist schwerlich festzulegen. Die ersten Bewohner ließen sich im Nordwesten der Insel nieder. Eine zweite Ansiedlung, später, *alte Warve* genannt, befand sich ebenfalls im Westen, doch verlagerten die

Bewohner ihre Häuser schon ein wenig mehr in das Innere der Insel – denn allzeit dräute die See.

Nach der Allerheiligenflut anno 1570 siedelten sich die Spiekerooger im Bereich des heutigen Dorfkernes an. Doch die Insel war in jenen Zeiten nicht nur den Gefahren des Meeres ausgesetzt. Ob ihrer geografischen Lage geriet sie immer wieder in territoriale Machtkämpfe. So befand sich Spiekeroog (und zeitweise auch Langeoog) einst mitsamt dem Harlingerland außerhalb der Besitzgrenze der ostfriesischen Grafen, die sich der Reformation angeschlossen hatten. Das nutzte Junker Balthasar von Esens, Herr über das Harlingerland, und ließ ***neugläubige***, vor allem Bremer Schiffe vor Spiekeroog und Langeoog kapern. Als die Bremer Hanse Vergeltung suchte, tat sie das auch auf Spiekeroog. Weil die Insel zur Zeit der niederländischen Befreiungs- und Glaubenskriege zum katholischen geldernschen Lehensgebiet zählte, stand sie – wider Willen – auf spanischer Seite. Nachdem Wilhelm von Oranien seinen Wassergeusen Kaperbriefe gegen spanische Besitzungen ausgestellt hatte, fielen diese auch über Spiekeroog her – besonders stark im Jahr 1570. Es wird erzählt, dass sich später Teile der Beute auf Norderney wiederfanden.

Im Jahr 1600 wurde das Harlingerland samt Spiekeroog wieder mit der Grafschaft Ostfriesland vereint. Anno 1625 lebten 13 Familien auf der Insel; das war auch das Jahr, in dem ein evangelisches Gotteshaus errichtet wurde – das auch als Schule genutzt wurde. Weil sich diese Kirche aber schon bald als zu klein erwies, bauten die Insulaner 1696 eine neue. Diese gilt heute als das älteste Gotteshaus einer ostfriesischen Insel – und als dörfliches Kleinod. Trotz aller politischen Verstrickungen, denen Spiekeroog lange ausgesetzt gewesen war: Die Bevölkerung lebte für damalige Verhältnisse nicht so schlecht. Die Männer verdingten sich in der Fischerei und der Schifffahrt und handelten mit Muschelschill, das auf dem Festland als Kalkbrennstoff begehrt war. Obschon die Weihnachtsflut von 1717 einige Opfer gefordert hatte, lebten 1738 rund 250 Männer, Frauen und Kinder auf der Insel – unter ihnen auch einige Langeooger, die ihr Zuhause aufgrund der Zerstörungen verlassen hatten. Doch während der napoleonischen Besatzung gerieten die Spiekerooger mehr als andere Insulaner in arge Bedrängnis. Wegen ihrer günstigen Lage zu Helgoland, ließen die Franzosen eine Festung auf der Insel errichten, an der Spiekerooger mitbauen mussten, und verhängten ein strenges Ausgehverbot. Ende Juli 1812 versuchten die Briten gar eine Invasion Spiekeroogs, die aber verlustreich fehlschlug. Als Napoleon, der mit seinen Truppen auf dem Weg nach Moskau war, davon erfuhr, zeichnete er den deutschen Befehlshaber der Spiekeroog-Besatzer mit dem Silbernen Adler der Ehrenlegion aus.

1813 war die Ära der Franzosen vorüber. Die ersten Badegäste kamen 1820 nach Spiekeroog – mit einem Schiff, das einmal in der Woche zwischen der Insel und dem Festland verkehrte. Aus diesen Anfängen sind ***Anweisungen*** bekannt, die den Insulanern gebieten, gegenüber fremden Besuchern freundlich und aufmerksam zu sein. Ab 1842 gab es eine tägliche Verbindung, und 1846 wurde Spiekeroog erstmals als Seebad erwähnt. Den 162 Badegästen, die in jenem Jahr auf der Insel logierten, standen je ein Herren- und ein Damenbadestrand zur Verfügung – und fünf Badekarren, die zuvor auf Norderney ausgedient hatten. 1849 konnten die Insulaner in dreißig Häusern 79 Gästebetten anbieten. Der Badebetrieb wurde von der ***Bade-Commission*** und dem ***Bade-Commissair*** Frerich Onken Frerichs überwacht, der als erster Badewärter der Insel gilt. 1855 ersteigerte man ***herrschaftliche Badeeinrichtungen*** aus Wangerooge, und 1878 wurde die erste Warmbadeanstalt eingerichtet. Um den Badestrand im Westen bequemer zu erreichen, konnten die Sommerfrischler ab 1885 per Pferdebahn dorthin gelangen. 1891 war nach dem Bau eines Anlegers Schluss mit dem lästigen Ausbooten der Gäste, und 1892 war auch die Gleisanlage zwischen Dorf und Fähranleger fertig. Die Pferdebahn zum Anleger blieb – als letzte Deutschlands – bis 1949 erhalten.

Wie alle anderen Ostfriesischen Inseln war auch Spiekeroog über die Jahrhunderte unzähligen Sturmfluten und den stetigen Wechselwirkungen des Ebbe- und Flutstroms in den Seegatten ausgesetzt. Die Strömungsverhältnisse bewirken einen Sandabbruch im Westen und eine Anlagerung im Osten – was den Gestaltwandel der einzelnen Inseln erklärt. Erst durch den Bau von Schutzwerken konnten diese Prozesse verlangsamt werden. Spiekeroog jedoch weist in seinem Osten im Vergleich zu seinen Inselschwestern die größten Landgewinne auf. Zwischen 1860 und 1960 wuchs dieser Teil um gut 4.000 Meter, und Experten haben herausgefunden, dass sich das Eiland im Verlauf von gut 300 Jahren um seine gesamte Länge nach Osten ausgedehnt hat. Da Wangerooge in jenem Zeitraum im Westen viel Land verloren hat, haben sich die beiden Inseln bis heute nicht vereint.

ALTE INSELKIRCHE

Mitten im Dorf von Spiekeroog steht das älteste Gotteshaus der Ostfriesischen Eilande – ohne Zweifel zugleich das schönste und beschaulichste: die Alte Inselkirche im Süderloog. Das backsteinerne Kirchlein ist 1696 errichtet worden und soll so manches Kleinod bergen, das auf geheimnisumwitterte Weise auf die Insel kam. Schlicht-schönes Beispiel ist die hölzerne Pietà – eine Skulptur der trauernden Maria, die ihren vom Kreuz genommenen Sohn in den Armen hält. Sie soll von einem Schiff der spanischen Armada stammen, die 1588 in die berühmte Seeschlacht gegen England zog und im Sturm vor Spiekeroog gestrandet ist. Auch fand man bei Grabungen im Jahre 1869 in der Kirche einen Degen, eine Flagge und Münzen spanischer Herkunft – Relikte, die aber im Lauf der Zeit verloren gegangen sind. Das kleine Gotteshaus ist von einem baumbestandenen Kirchhof umgeben, auf dem es alte Grabsteine zu entdecken gibt, die auf die maritime Vergangenheit der dort Bestatteten hinweisen. Das Kirchlein, dessen

Glocke im Dachreiter noch per Hand geläutet wird, wird für Andachten genutzt, für kulturelle Veranstaltungen in kleinerem Rahmen und für Trauungen. Dort hat beispielsweise 1982 der mittlerweile verstorbene Bundespräsident Johannes Rau, der Ehrenbürger Spiekeroogs war, geheiratet.

DRINKELDODEN-KARKHOF

Die Strandung des Auswandererschiffes JOHANNE im Jahre 1854 ist wie kaum eine andere in die Geschichte der Insel eingegangen – und sie sorgte entlang der Küste dafür, über die Einführung von Rettungsstationen nachzudenken. 216 Passagiere und 13 Besatzungsmitglieder waren seinerzeit auf der JOHANNE unterwegs nach Amerika, als das Schiff in einen Sturm geriet. Von der Insel aus war wegen der Wetterverhältnisse zunächst keine Hilfe möglich gewesen. und so kamen 77 Menschen in den Fluten um. Diese Toten und später auch andere unglückselige Seefahrer wurden auf dem ***Drinkeldoden-Karkhof*** (in der freien Übersetzung: ***Ertrunkenenfriedhof***) beerdigt, der sich einst in einem Dünental befand. Indessen befindet sich die Gedenkstätte, auf dem ein großes, von einer Ankerkette umschlungenes Kreuz an das Unglück erinnert, im dörflichen Geschehen.

INSELMUSEUM

Ein Fundus für Spiekeroogs Historie ist das weißgetünchte Inselmuseum im Noorderloog 1, gleich neben dem Rathaus. Schon im Eingangsbereich stößt der Besucher auf insulares Erbe: dort hängt die Glocke des Auswandererschiffes JOHANNE, das 1854 vor Spiekeroog strandete. Die Glocke wird einmal im Jahr zu Pfingsten nach Carolinensiel gebracht, um bei einem maritimem Gottesdienst unter freiem Himmel läutend an jene Seeleute zu erinnern, die im Jahr zuvor weltweit im Meer den Tod fanden. Weiterhin in der Ausstellung zu finden: naturkundliche Exponate wie eine umfassende Muschelsammlung, Bernsteinfunde, ein gestrandetes Krokodil, allerlei präparierte Seevögel und auch Spiekeroogs weißer Fasan, der einem Genickbruch erlag. Hinzu kommen Möbel und Dinge des täglichen Bedarfs von ***anno dazumal*** – wie zum Beispiel das erste Telefon der Insel. Das Museum dokumentiert aber auch das Wirken mancher Insulaner-Persönlichkeit:

So war Remmer Oltmanns Janssen (1814–1895) nicht nur Bürgermeister und Armenvorsteher auf dem Eiland, sondern auch der erste Vormann des Spiekerooger Rettungsbootes – sein Grabstein findet sich bei der Alten Inselkirche.

KURIOSES MUSCHELMUSEUM

Ein Spaß für kleine und große Entdecker ist das ***Kuriose Muschelmuseum*** im Haus des Gastes. Die rund 3.000 Exponate aus dem Meer sind dort nach ihren Erscheinungsformen sortiert, woraus Gruppen wie «Fettflecken«, »Haarsträubendes« oder »Stacheldraht« entstanden sind; mehr unter www.kuriosesmuschelmuseum.de

KURPARK

Im Westen des Dorfes erstreckt sich der Kurpark, in dessen Pavillon von Mitte Juni bis Anfang September regelmäßig musiziert wird. Hier kann man zwischen Wasserläufen und blühenden Rabatten flanieren oder auf einer der Bänke in Ruhe lesen. Neu ist der maritime Spielplatz für die kleinen Gäste, auf dem unter anderem eine große Kogge vor Anker gegangen ist.

MUSEUMSPFERDEBAHN

Die Spiekerooger Pferdebahn ist die einzige, die in Deutschland noch von Pferden gezogen wird. Auf historischer Strecke zuckelt sie in etwa zwölf Minuten vom ehemaligen Bahnhof zum Westend und auf Wunsch wieder zurück, vorausgesetzt das Wetter spielt mit. Die Pferdebahn verkehrt ab Ostern bis September mehrmals täglich; mehr unter www.spiekeroog.de

Begonnen hat das ***Pferdezeitalter*** auf Spiekeroog im Juli 1885. Damals war die Pferdebahn – mit ihrer 1,7 Kilometer langen Schienenverbindung von der Dorfmitte bis zum damaligen Herrenbadestrand im Westen – die erste überhaupt auf einer Nordseeinsel. Da zwischen dem Herren- und Damenbadestrand eine fünfhundert Meter lange ***Pufferzone*** bestand, mussten die Damen schon vorher aussteigen, um über den ***Damenpad*** ihren Strand zu erreichen. Zur gemeinsamen Rückfahrt – erst 1912 wurde ein Familienbadestrand eingerichtet – traf man sich an der Endstation im Restaurant ***Givdbude***, das 1962 bei einer Sturmflut zerstört wurde. Heute findet sich am Westend das ***Old Laramie*** im ***Alten Warmbad*** von

1899 – seinerzeit das erste der Insel. Von 1934 bis 1945 wurde das Haus als Flugplatzgebäude genutzt, doch mit Ende des Zweiten Weltkrieges wurde auch der Flugplatz aufgegeben.

OLD LARAMIE

Das ***Old Laramie*** ist das, was man Kult nennen kann: Selbst Leute, die ungern zu Fuß unterwegs sind, nehmen die dreißig Minuten Wegstrecke vom Dorf bis zum Westend in Kauf, um das legendäre Lokal zu besuchen. Nachmittags gibt es im Café Westend Kaffee und Kuchen für die ganze Familie, abends trifft man sich im ***Laramie*** zum ***Sundowner*** und zum Tanzen. Die Spiekerooger Institution im Alten Warmbad hat von Ostern bis Ende Oktober geöffnet, Telefon: 04976/318; Impressionen auf www.oldlaramie.de

OSTPLATE

Die rund 1.000 Hektar große Ostplate ist in ihrer Ausdehnung einzigartig unter allen deutschen Inseln und symbolisiert beispielhaft, wie sich eine naturbelassene Insel entwickeln kann. Noch in den 1950er-Jahren eine bloße Sandbank, entstanden hier weite Primär-Dünenlandschaften, Strände

ÜBRIGENS

Ein weiteres Charakteristikum Spiekeroogs sind die Wäldchen am Ortsrand, dessen Vegetation unter anderem aus kleinwüchsigen Schwarzkiefern, Zitterpappeln und Eichen besteht. Bereits um 1860 wurden im »Friederikental« Anpflanzungen vorgenommen, die sich seither auf die Nordhänge der Graudünenlandschaft ausgebreitet haben und heute beinahe zehn Hektar bedecken. Hier sind nächtens Waldohreulen unterwegs, die Spiekeroog als *grüne Insel* für sich entdeckt haben.

und Salzwiesen. Die Ostplate liegt gänzlich in der Ruhezone des Nationalparks und darf nur auf markierten Wegen erkundet werden. So geschützt, hat sich dieses Areal zu einem Paradies für anderswo selten gewordene Seevögel und Pflanzenarten entwickelt – beispielsweise gedeiht hier die Stranddistel üppig. Naturkundliche Führungen und Zugvogelbeobachtungen auf der Ostplate bietet das Nationalparkhaus ***Wittbülten*** an.

SCHIFFSWRACK

Mal weht der Wind sie frei, mal nicht: Die versandeten Überreste des britischen Dampfers VERONA, der 1883 an der Nordseite von Spiekeroog strandete, geben nur hin und wieder ein Stück Inselgeschichte frei. Das mehr als 110 Meter lange Schiff, dessen Besatzung gerettet werden konnte, sollte seinerzeit geborgen werden, aber die Versuche misslangen. An die VERONA erinnert auch eine Planke an der Fassade des Inselmuseums. Ein weiteres nostalgisches Ausflugziel ist der Alte Fähranleger im äußersten Südwesten der Insel, der seit 1981 nicht mehr genutzt wird. Er und die Reste der Gleisanlage, die einst das Dorf und den Hafen verbanden, waren seither dem Verfall preisgegeben und sind indessen im Zuge einer Renaturierung abgebaut worden.

SCHWIMMDACH-HÄUSCHEN

Da das Dorf von Spiekeroog in den vergangenen Jahrhunderten nicht verlegt werden musste, sind rund um die Alte Inselkirche historische Häuschen erhalten, die dem Ortsbild eine idyllische Atmosphäre geben. Ältestes Wohnhaus ist das ***Alte Inselhaus*** im Süderloog 4, es datiert auf das Jahr 1705 und beherbergt heute ein Café. Es ist – wie einige andere Gebäude im Dorf – mit einem sogenannten ***Schwimmdach*** ausgestattet, das seinen Bewohnern im Falle einer Sturmflut als Rettungsfloß dienen sollte. Weitere Häuser mit jener speziellen Dachkonstruktion, die auch im Inselmuseum dokumentiert wird, sind das ***Huus Puppenstuv***, das Haus im Norderloog 15/17 und das ***Drifthuus***.

WITTBÜLTEN

Seit März 2006 ist das Umweltzentrum ***Wittbülten*** der Spiekerooger Hermann-Lietz-Schule für die Öffentlichkeit zugänglich. Die Ausstellung zeigt inselspezifische Themenschwerpunkte, beschäftigt sich mit Meeressäugetieren und gibt in ihrer Aquarienanlage Einblicke in die Unterwasserwelt der Nordsee. Größtes Exponat: ein 15 Meter langes und zwei Tonnen schweres Pottwalskelett. Im Mai 2011 wurde aus dem Umweltzentrum nach langjähriger Zusammenarbeit mit der Nationalparkverwaltung das Nationalparkhaus ***Wittbülten***; mehr unter www.wittbuelten.de
Die Hermann-Lietz-Schule ist ein staatlich anerkanntes Internatsgymnasium, das 1928 auf der Insel gegründet wurde. Die Schüler bekommen eine ganzheitliche Erziehung nach den Maßstäben des gleichnamigen Pädagogen, zu der auch das ***Segelnde Klassenzimmer*** gehört. Zu ihrer Schullaufbahn gehört es, mit einem Großsegler mal auf der Nordsee und mal für mehrere Monate auf dem Atlantik unterwegs zu sein; mehr unter www.hl-schule.de

ZELTPLATZ

Leuten, die es einfach und naturnah lieben, sei der ***Spiekeroogs Zeltplatz*** empfohlen – er hat sogar einen eigenen Strandabschnitt. In einer Dünenlandschaft im äußersten Südwesten der Insel gelegen, rühmen ihn seine Stammgäste, einer der schönsten Naturzeltplätze Europas zu sein. Immerhin: Es gibt ein Sanitärhaus mit Toiletten, Duschen und auch zwei Waschmaschinen. Da das Dorf etwa 3,5 Kilometer entfernt ist, bekommt man die Dinge für den täglichen Bedarf am Kiosk. Praktisch und kommunikativ ist der zentrale Grillplatz. Wegen der vielen Stammgäste empfiehlt sich für die Sommerferien eine frühzeitige Reservierung; mehr unter www.spiekeroog.de

UTKIEKER

Er hat den Ausblick schlechthin: der langbeinige, metallene ***Utkieker***, der seit 2007 auf einer Anhöhe in den Dünen am Slurpad ausharrt. Links von ihm schlagen die Wellen an den Strand, in südlicher Richtung glitzert das Wattenmeer. ***De Utkieker – gewidmet dem unermüdlichen Wächter über das Kleinod Spiekeroog***, steht auf der Metallplatte zu seinen klobigen Füßen.

KURIOSES ZUR INSEL SPIEKEROOG:

Gäste, die nur einige wenige Tage blieben, wurden auf Spiekeroog früher ***Beddenverknüllers*** genannt.

Der deutsche Lyriker Hermann Claudius (1878–1980) über die Insel: »Spiekeroog ist für mich die letzte Nordseeinsel, die ihre Natur im ewigen Schoße der See noch bewahrt hat, bewahren konnte – vielleicht nur, weil es einmal keine Strandpromenade hat und zum anderen nur etwas langstielig und umständlich und wikingerisch auf dem Dampfer zu erreichen ist. Möge es so in seiner Gottgeborgenheit und Dorfversunkenheit bleiben, fern all dem, was dem Großstädter ***natürlich*** erscheint, damit er wieder lernt, was wahrhaft Natur ist, jene große Medizin, die ihn allein vor sich selber retten kann …«

Spiekeroog ist rund zehn Kilometer lang, hat eine Fläche von 18,2 Quadratkilometern und knapp 800 Einwohner. Die autofreie Insel gehört zum Kreis Wittmund. Der Fährverkehr ab Neuharlingersiel ist tidenabhängig, eine Überfahrt dauert circa 45 Minuten; Fahrkartenschalter Neuharlingersiel Telefon: 04974/214. Eine schnelle Verbindung (15 Minuten) ermöglicht das Wassertaxi, für das allerdings eine Reservierungspflicht besteht; alle Infos unter www.spiekeroog.de In Neuharlingersiel gibt es Garagen und Stellplätze für Dauerparker und Tagesparkplätze am Anleger.

Nordseebad Spiekeroog GmbH, Kurverwaltung und Schifffahrt
Postfach 1160, 26466 Spiekeroog
Telefon: 04976/ 9193101, www.spiekeroog.de

Haus des Kurgastes
Kogge heißt das Haus des Kurgastes, in dem regelmäßig Veranstaltungen wie Lesungen, Comedy-Abende, Theateraufführungen oder Kabarett stattfinden.
Hunde
Es gilt generell ein Leinenzwang auf allen Inseln. Einzige Ausnahme auf Spiekeroog ist eine neu geschaffene Freilaufzone unmittelbar am östlichen Hauptbadestrand. Dort können die Vierbeiner unter Beobachtung frei laufen; ebenso werden Strandkörbe für Hundehalter angeboten.
Jugendherberge
Das *Haus Sturmeck* – Hostel und Jugendherberge – liegt im Westen der Insel in unmittelbarer Nähe zum Strand. Die Einrichtung, die auch von Einzelgästen gebucht werden kann, verfügt über 83 Betten in insgesamt 27 Zimmern, davon die meisten mit bis zu vier Schlafgelegenheiten; www.sturmeck-spiekeroog.de
Kinderspielplätze
Trockendock heißt das Kinderspielhaus im Kurzentrum, das sich im Noorderpad 25 befindet. Bei schlechtem Wetter können die Kleinen statt in der Nordsee ins Bällebad eintauchen oder gemeinsam basteln. Zum Unterhaltungsprogramm gehören auch Lesungen und Theateraufführungen oder Computerkurse. Und einmal im Jahr: die Papierbootregatta. Neu ist der Spielplatz am Deich in Anlegernähe, auf dem, wie auf dem Spielplatz im Kurpark, eine hölzerne Hansekogge – das Wappensymbol der Insel – aufgestellt worden ist.
Kirchen
Seit 1961 gibt es neben der Alten Inselkirche die evangelische Sommerkirche, die über 500 Plätze bietet und architektonisch einem Schiff nachempfunden ist. Seit Ende

der 1960er-Jahre hat Spiekeroog auch ein katholisches Gotteshaus – es mutet an wie ein Seezeichen und befindet sich auf den Westdünen. St. Peter ist eine Filialkirche der St.-Willehad-Gemeinde in Esens.

Meerwasser-Hallenbad

Schwimmdock wird das Spiekerooger Meerwasser-Hallenbad im Kurzentrum genannt. Es ist nahezu ganzjährig geöffnet, bietet eine Wassertemperatur von dreißig Grad sowie Kurmittelanwendungen und in Sachen ***Wellness*** einen Sauna- und ein Sanarium-Bereich. Für Kinder steht ein Süßwasserbecken zur Verfügung.

Reiten

Am Westrand des Dorfes bietet der ***Islandhof*** (mit Gästehaus) ganzjährig Reitunterricht und lädt zu täglichen Ausritten ans Meer ein. (www.islandhof-spiekeroog.de). Der Reitstall Petschat hat Strandausritte im Programm, eine Reithalle für intensiven Unterricht und Kutschfahrten über die Insel (Telefon: 04976/1401).

Verkehr

Auf Spiekeroog geht man zu Fuß – Fahrradverleihe sucht man hier vergebens. Das macht auch Sinn, denn die schmalen Pfade im historischen Dorf eignen sich tatsächlich nur zum flanieren. Für den Gepäcktransport und die kleinen Besucher stehen bei den Vermietern und auch in Verleihstellen Bollerwagen bereit. Der Gepäcktransport wird aber auch per Elektrokarren angeboten; sie sind auch für den gewerblichen Transport im Einsatz. Motorisiert sind auf Spiekeroog allein die Feuerwehr und der Rettungsdienst.

Wassersport

Einen Segeltörn machen – vielleicht zu einer der ostfriesischen Nachbarinseln? Oder mit einem sogenannten ***Blokart*** über den Spiekerooger Strand segeln? Die ***Bootstouren Spiekeroog GbR*** machen es möglich.
www.bootstouren-spiekeroog.de

Wattführungen

Erlebnisreiche Wanderungen über den Meeresboden und über die Insel bietet die Nationalpark-Wattführerin Anja Sander an; mehr unter www.spiekeroog-inselfuehrungen.de oder im Veranstaltungskalender unter www.spiekeroog.de

WANGEROOGE

Erstmals urkundlich erwähnt wird Wangerooge in einem Dokument aus dem Jahre 1306; darin geht es um das Strandrecht zwischen Bremen und dem Gau Östringen. Der erste Insulaner, dessen Existenz schriftliche Erwähnung fand, war der Schiffskapitän Thethardus. Er soll 1327 an einer Verschwörung gegen Graf Wilhelm von Holland beteiligt gewesen sein – benannt wird er darin als ***oppidani in Wangeroch insule***; ***oppidani*** steht für den Bürger eines befestigten Ortes ***(oppidum)***. Tatsächlich bestand damals auf der Insel bereits das Kirchdorf mit der Nikolaikirche, die zur Gaukirche Hohenkirchen und somit zum Erzbistum Bremen gehörte. Um 1400 gehörte Wangerooge – wie die anderen Ostfriesischen Inseln – zum Herrschaftsbereich der Häuptlingsfamilie tom Brok. Dass sie ihren Besitz auf dem Festland und den »alsucken Eilanden wie Borkyn, Just, Buise, Osterende, Boltinge, Langoch, Spiekeroch ende Wangeroch« anno 1398 dem mächtigen Herzog von Bayern übertrugen und als Erblehen zurückerhielten, kann man durchaus einen diplomatischen Schachzug nennen. Mit dem Schutz des mächtigen Herzogs im Rücken, konnten sich die tom Broks so alle anderen Häuptlinge, die gern nach Raubritterart durchs Land zogen,

vom Hals halten. Als in jener Zeit der Heringsfang in der Nordsee rund um Helgoland zu florieren begann, waren auch Wangerooger Fischer mit von der Partie. Auch als hierfür ein Helgoländer Rechtsbuch verfasst wurde, wirkten daran Fischer von Wangerooge mit und namentlich ein ***Richter Olrich Smyt van Wangeroch***. Doch nicht nur der Hering war in die Nordsee gekommen – auch die Freibeuter um Klaus Störtebeker und Goedeke Michels wechselten um 1400 von der Ost- in die Nordsee. Sie fanden Unterschlupf bei Häuptling Edo Wiemken von Rüstringen. Edo, so erzählen die Annalen, war auch selbst der Piraterie nicht abgeneigt und schickte Kaperschiffe von seinem Jadehafen aus auf See. Doch das ließen sich die Bremer Hanse und auch die Holländer nicht lange gefallen. Letztere fielen zweimal über Wangerooge her, zerstörten die Kirche, verwüsteten das Dorf, schlugen elf Männer tot und verschleppten Frauen und Kinder – heißt es.

Schon im 14. Jahrhundert wurde Wangerooge auf alten Karten als wichtiger Ansteuerungspunkt für Seefahrer erwähnt. So muss es nicht verwundern, dass der Graf von Oldenburg 1597 dort als nautischen Markierungspunkt den mächtigen Westturm errichten ließ – ein beinahe burgartig anmutendes Gebäude, das über Jahrhunderte als das größte auf den Inseln galt. Schon einmal hatte an seiner Stelle ein Turm gestanden; er hieß ***Nikolaiturm***, war mehrfach geplündert worden und 1595 schließlich gänzlich eingestürzt. Der neue Turm war nach einer Bauzeit von mehr als fünf Jahren 1602 fertiggestellt. In seinem Erdgeschoss lagerten die Insulaner Strandgut oder nutzten es als Gefängnis. Im ersten Stock war eine Kirche eingerichtet. In vier weiteren Stockwerken lebte unter anderem der Lampenwärter und befand sich eine Glockenkammer.

Der 24.000 Taler teure Turm inmitten des Ortes schien den Insulanern wie für die Ewigkeit gebaut, doch weit gefehlt: Das Meer suchte sich seinen Weg, und 1865 wurden sämtliche Häuser, die nach und nach rings um den Turm entstanden waren, bei einer schweren Sturmflut fortgespült. Auch ***wanderte*** die Insel in den folgenden Jahrzehnten nach Osten, sodass der 56 Meter hohe Turm schließlich allein vom Strand aufragte. Die Fluten setzten dem Bauwerk weiterhin zu, doch sein eigentliches Ende fand es erst durch Menschenhand. 1914 wurde das Wahrzeichen gesprengt, denn mit Ausbruch des Ersten Weltkrieges wollte man verhindern, dass das Gebäude feindlichen Schiffen den Weg zur nahe gelegenen kaiserlichen Marinebasis in Wilhelmshaven wies. Ein Nachfolgebau wurde 1933 nach alten Plänen errichtet – allerdings weiter östlich. Übrigens: Der ***Hooge Toorn***, der immer zum Selbstbewusstsein der Insulaner gehörte, findet sich auch im Wappen Wangerooges wieder.

Zur Allerheiligenflut 1570 bestand das Inseldorf aus circa 50 Häusern, um 1650 gab es etwa 60 Häuser, in denen rund 360 Menschen lebten. Auch die ***jämerliche Wasser-Flutt***, die sich zu Weihnachten 1717 ereignete und über die gesamte Küste hereinbrach, forderte auf der Insel Tribut: viel Weideland ging verloren. Die Insulaner lebten sommers vom Fischfang wie auch vom Strandgut, fuhren zur See oder verdingten sich mit dem ***Schillfang***; ganze Schiffsladungen Muschelschalen wurden so aufs Festland und in die Kalkbrennereien transportiert. Wangerooge und die Herrschaft Jever gehörten damals, seit dem Tod von Graf Anton Günther von Oldenburg anno 1667, zur Herrschaft des Fürsten von Anhalt-Zerbst. Als der Fürst 1793 kinderlos starb, fielen die jeverschen Besitztümer an seine Schwester, die russische Zarin Katharina II. Die Zarin ließ sich einen Bericht über Land und Leute anfertigen, in dem die Lebensumstände auf der Insel beschrieben wurden und die Wangerooger selbst, die »wild, rau und hartherzig im Gegensatz zu den menschenfreundlichen Landleuten des festen Jeverlandes« seien.

Das erste deutsche Nordseebad Norderney (1798) bestand bereits seit sechs Jahren, als auch auf Wangerooge der Bädergedanke aufkam – Initiator war der Inselvogt Tjark Friedrich Ammann. Doch die napoleonische Zeit machte die ersten Erfolge zunichte: Um dem Schmuggel Einhalt zu gebieten, ließen sich die Franzosen auf der Insel nieder und drohten gar mit der Sprengung des Westturmes. Nach der Niederlage Napoleons fiel das Jeverland samt Wangerooge wieder an den russischen Zaren, der es 1818 an das inzwischen zum Großherzogtum erhobene Oldenburg zurückgab. Der Großherzog selbst ging sofort daran, die ***Seebadeanstalt*** zu fördern – er stellte 5.000 Reichstaler zur Verfügung. 1823 konnten bereits 1800 Sommerfrischler gezählt werden – und Wangerooge avancierte zum ***Hofbad*** . Bis die Silvesterflut 1854/1855 über die Insel hereinbrach und sie in drei Teile riss. Die meisten der 350 Bewohner verließen darauf das Eiland, und die Oldenburger Regierung wollte die Insel ganz aufgeben, wenn sich nicht knapp ein Drittel der verbliebenen Wangerooger geweigert hätte. Sie gründeten ein neues Dorf im Osten, dort, wo 1856 der Leuchtturm errichtet worden war.

Aufgrund der Nähe zu Wilhelmshaven war Wangerooge im Ersten und im Zweiten Weltkrieg von militärisch-strategischer Bedeutung. Der Luftangriff vom 25. April 1945 ist manchem Wangerooger noch im Gedächtnis: 482 britische, kanadische und französische Bomber warfen in nur 15 Minuten 6.000 Sprengbomben über der Insel ab, die danach in Schutt und Asche lag; mehr als 300 Menschen starben.

Seit 1975 ist die tideabhängige Insel, die zum Verwaltungsbezirk Oldenburg und zum Landkreis Friesland gehört, staatlich anerkanntes Nordseeheilbad – mit der Oldenburger Farbgebung Rot-Gelb-Blau im Wappen.

ALTER LEUCHTTURM

Er ist das Ziel vieler Verliebter, die aus ganz Deutschland und darüber hinaus anreisen: der Alte Leuchtturm von Wangerooge, in dessen einstiger Wachstube seit 1996 ein rundes Trauzimmer eingerichtet ist. Das schwarz-rot-weiß gestrichene Wahrzeichen der Insel ist nur ein paar Schritte vom Bahnhof entfernt, jedoch müssen die Brautpaare 150 Stufen erklimmen, wenn sie den Bund fürs Leben in luftiger Höhe schließen möchten. Der 30 Meter hohe Turm entstand 1855 auf Geheiß des Großherzogs von Oldenburg am damaligen Ostende der Insel und ging ein Jahr später in Betrieb. 1927 ist das Bauwerk, das seit 1896 elektrisch betrieben wurde, noch einmal um neun Meter erhöht worden. Seine Zeit als Wegweiser für die Schifffahrt war am 7. November 1969 zu Ende, weil in der Zwischenzeit im Westteil der Insel ein neuer Leuchtturm entstanden war. Seit 1972 wird der Alte Leuchtturm, der zugleich das älteste Gebäude Wangerooges ist, als Aussichtspunkt genutzt – mehr als eine Million Schaulustige sollen sich indessen hinaufgewagt haben, denn bei guter Sicht kann man bis zum 42 Kilometer entfernten Helgoland gucken. 1980 ist im Erdgeschoss des Turmes überdies ein Heimatmuseum eingerichtet worden, dessen Exponate Inselgeschichte dokumentieren. Während die kleinen Besucher Gefallen an der Modelleisenbahn finden, gibt es für die anderen Bernsteinfunde oder längst vergilbte Kurgast-Listen zu bestaunen. Und auch am und vor dem Alten Leuchtturm ist Inselhistorie präsent: Zum einen gibt es an seiner Außenseite den Wappenstein des Hauses Anhalt-Zerbst zu entdecken, der schon an dem 1687 erbauten Feuerturm angebracht war. Zum anderen glänzt auf dem Vorplatz die letzte Wangerooger Dampflok, die von 1929 bis 1967 über die Insel schnaufte und dabei mehr als 350.000 Kilometer zurücklegte.

CAFÉ PUDDING

Es heißt so, weil es sich architektonisch ausnimmt wie ein gut platziertes Dessert: Das »Café Pudding« am Ende der Zedeliusstraße direkt an der Strandpromenade ist nicht zuletzt ob seiner Geschichte ein Wahrzeichen der Insel. Einst stand dort eine Dünenbake als Signal für die Küstenschifffahrt, die nach ihrem Abbruch zu Anfang des Ersten Weltkrieges nicht wieder aufgebaut wurde. Der Platz blieb aber bei den Wangeroogern der ***Dünenbakenhügel***, auch noch nachdem an dieser Stelle 1944 ein kleiner Bunker als Vorposten für den Kriegshafen Wilhelmshaven entstanden war. Als der Bunker nach Kriegende gesprengt werden sollte, sicherte sich Bäckermeister Folkerts den Hügelplatz für einen Kiosk, der wenige Jahre später zum Café wurde. Heute kann man im runden ***Café Pudding*** den ganzen Tag über mit Meerblick essen und trinken; sommers auch draußen.

INSELWESTEN

Wer am Anleger in Wangerooge angekommen ist und in die Inselbahn steigt – sie ist die einzige Meterspurbahn der Deutschen Bahn –, hat sogleich einen beeindruckenden Blick auf den weitläufigen Westen der Insel. Der vier Kilometer lange Schienenstrang führt durch Salzwiesen, auf denen neben vielen Pflanzenarten im Sommer das Schlickgras und der Strandflieder blühen. Dort befindet sich auch die sogenannte ***Lagune***, ein verzweigtes Areal mit kleinen Salzwasserseen, das durch Sand- und Schlickentnahme beim Bau des Westgrodendeiches entstanden ist. Dieser umschließt seit 1912 den rund 47 Hektar großen Westinnengroden. Den Inselwesten kann man zu Fuß oder per Fahrrad erkunden – entweder »wattseitig« oder durch die Dünen. So führt ein Radweg am Westturm vorbei zum Inselhafen, wo in der Saison Segelboote festmachen. Übrigens: Dass Wangerooge über ein für die Ostfriesischen Inseln einzigartiges Gewässersystem verfügt, ist auch auf den schweren Bombenangriff im Zweiten Weltkrieg zurückzuführen. Er hinterließ Hunderte von Kratern, in denen sich im Laufe der Zeit zumeist nur wenige Quadratmeter große Süß- beziehungsweise Brackwasserbiotope entwickelten.

KIRCHEN

Zwei Kirchen sind auf Wangerooge zu finden: Die Nikolai-Kirche ist nach dem Bischof von Myra, dem heiligen Nikolaus, benannt, der ja auch als Schutzpatron der Seefahrer gilt. An ihrer Stelle befand sich einst eine kleine Kapelle (1866 errichtet), die nur 55 Sitzplätze bot und den Anforderungen auch nach einer Erweiterung alsbald nicht mehr genügte. Sie wurde abgerissen und durch ein neues evangelisches Gotteshaus ersetzt, das 1910 fertiggestellt werden konnte. Die erste katholische St.-Willehad-Kirche Wangerooges, die 1901 erbaut worden war, wurde 1945 durch Bomben zerstört. Erst 1962 ist der Grundstein für ein neues Gotteshaus in der Westingstraße gelegt worden; 1964 wurde diese Kirche, deren Interieur viele biblisch-maritime Facetten aufweist, dem Bischof von Bremen geweiht, der im 8. Jahrhundert als Glaubensbote für die Friesen wirkte.

KRIEGSGRÄBERSTÄTTE

Die Insel war ob ihrer Nähe zu Wilhelmshaven in beiden Weltkriegen von militärisch-strategischer Bedeutung. So kam es, dass im Zweiten Weltkrieg Bunker gebaut und Flugabwehr- und Jagdfliegereinheiten stationiert wurden – Maßnahmen, die Wangerooge am 25. April 1945 zum Verhängnis werden sollten. 311 Menschen starben an diesem Tag bei einem schweren Luftangriff der Alliierten. Nur wenige Häuser blieben erhalten – eines der Gebäude ist der Bahnhof, der 1906 entstanden war. Ein Ort der Einkehr ist der von einem Kiefernwäldchen umgebene Ehrenfriedhof, der ebenso an die Bombenopfer erinnert wie das schlichte Holzkreuz am Hartmannsstand. Es ist auf jenem Dünenbunker errichtet worden, in dem 14 Soldaten und sechs Marinehelferinnen während des verheerenden Angriffs zu Tode kamen – und seither unter dem Beton begraben sind.

MINSENER OOG

Wer sich bis an die Ostspitze Wangerooges vorwagt, kann von dort aus die kleine Insel Minsener Oog entdecken. Sie entstand ab 1908 aus einer Sandbank, auf der man Buhnen und Leitdämme angelegt hatte, um das Fahrwasser nach Wilhelmshaven vor Versandung zu schützen.

NAVIGATOR

Seit 20 Jahren steht die Skulptur der ***Navigator*** am westlichen Ende der Strandpromenade, direkt vor dem Servicegebäude der Kurverwaltung. Die mehr als drei Meter hohe Figur, die von dem italienischen Bildhauer Paolo Marazzi geschaffen wurde, symbolisiert einen Seefahrer, der seinen Kurs hält – selbst wenn die Umstände widrig erscheinen. Künstler und Stifter dokumentieren mit dem ***Navigator*** ihre Verbundenheit zu Wangerooge.

NEUER LEUCHTTURM

Der neue Leuchtturm ist seit dem 7. November 1969 in Betrieb, denn durch den Ausbau des Jadefahrwassers für Großtanker war ein modernes Bauwerk vonnöten. Der rot-weiße Turm aus Stahlbeton ist mit 65 Metern das höchste Gebäude der Insel. Der rote Blitz seiner Drehoptik im Turmkopf hat eine Reichweite von 56 Kilometern, strahlt also bis nach Helgoland und darüber hinaus; außerdem verfügt der Turm über ein Leit- und Quermarkenfeuer in 25 Metern Höhe, das eine Strahlungsweite von 15 Seemeilen hat. Die Anlage wird von der Seezeichenzentrale in Schillig ferngesteuert und überwacht. Der Turm ist nicht für die Öffentlichkeit zugänglich.

268
419
363

OSTANLEGER

Der ehemalige Ostanleger ist ein Ausflugsziel in jene Zeiten, als die Insel noch tideunabhängig mit dem Festland verbunden war. Von 1904 bis 1958 gab es dort Schiffsverkehr, der Wangerooge mit den Häfen von Harlesiel, Friedrichschleuse und auch mit Bremen, Bremerhaven und Wilhelmshaven verband. Über die Jahre sorgten jedoch Eisgang, Versandung und Sturmfluten dafür, dass der Anleger, der mit dem Dorf durch eine fünf Kilometer lange Bahnlinie verbunden war, aufgegeben werden musste. Reste der hölzernen Gleisbrücke sind bis heute erhalten und geben diesem Ort ein nostalgisches Gepräge. Auch finden sich dort Überbleibsel einer Bake, die vor mehr als 100 Jahren als Ortsbestimmung für die Schifffahrt aufgestellt worden ist.

OSTINNENGRODEN

Etwa 100 Hektar groß ist der Grünlandbereich im Osten Wangerooges: der in der Mitte der 1920er-Jahre eingedeichte Ostinnengroden, auf dem sich große Weiden und der Flugplatz befinden. Der bereits 1902 im Süden des Dorfes eingedeichte Dorfgroden ist indessen zu einem Großteil bebaut worden. Nach der schweren Sturmflut 1962, die sämtliche Innengroden überflutete, sind alle Deiche erhöht und verstärkt worden. Somit ist beinahe ein Viertel Wangerooges eingedeichtes Grünland – nach Borkum der höchste Flächenanteil auf einer ostfriesischen Insel. Dem Spaziergänger sei als Weg zum Ostinnengroden der Dorfgrodendeich empfohlen – entlang dieses grünen Bollwerks wird erlebbar, was Küstenschutz bedeutet. »Water is Segen, Water is Not, Lat us de Segen, Bewahr us vör Not,« mahnt unterwegs eine Gedenktafel am Deich. In seinem Schutz lädt das Café Neudeich und, in unmittelbarer Nähe, eine Naturschutzstation zum Verweilen ein.

ROSENHAUS

Das ***Rosenhaus*** ist eine Informations- und Bildungseinrichtung des Nationalparks Niedersächsisches Wattenmeer und findet sich im Rosengarten – so heißt der Park mitten im Ort. Das Haus hat – außer montags – ganzjährig geöffnet, der Eintritt ist frei.
www.nationalparkhaus-wangerooge.de

WESTTURM

Viel meerbewegte Geschichte rankt sich um die Westtürme Wangerooges: Es war der Maurermeister Berent Cappelmann, der am 11. Juli 1597 den Grundstein für den alten Westturm legte, der letztlich 1914 gesprengt und 1933 durch ein neues Bauwerk ersetzt wurde – seither als Jugendherberge genutzt. Die Turmspitzen zeigen wie bei seinem Vorgänger die Nord-Süd-Richtung an, seine Mauerseiten sind in die vier Himmelsrichtungen ausgerichtet. Der Westturm, seit jeher Wangerooges Wahrzeichen, weist eine Höhe von 56 Metern und fünfzig Zentimetern bis zu seiner Windfahne auf. Dort, wo einst der alte Westturm in den Himmel ragte, ist heute die *Buhne H* zu sehen.

Wattführung
melden Sie
sich rechtzeitig
an!

KURIOSES ZUR INSEL WANGEROOGE:

Beim Bau des Westturmes anno 1597, so heißt es, fand man römische Münzen und Aschenurnen. Sie stammten vermutlich von Schiffen des Germanicus Drusus, der zu Beginn unserer Zeitrechnung das Küstenland zwischen Rhein, Weser und Ems eroberte. Die Funde gingen verloren.

Seit 1885 trägt die Insel den Namen ***Wangerooge***. Vorher hieß sie ***Wangeroog*** (wie ihre Nachbarinseln ohne ***e*** am Ende). Doch das Großherzogtum Oldenburg fügte – gegen den Willen der Insulaner – per Erlass ein ***e*** an.

Früher gab es einen schmalen Wattrücken, der bei Ebbe trockenfiel und den Wangeroogern als Weg zum Festland diente. Man ging zu Fuß oder fuhr per Wagen über den sogenannten ***Strick-Pad***.

Der stattliche Turm von Wangerooge war sogar dem berühmten Geodäten Carl Friedrich Gauß dienlich, der sich 1825 zur Vermessung des Königreichs Hannover auf Wangerooge aufhielt. Daran erinnert die Abbildung des Vermessungspunktes ***Wangeroog*** auf dem früheren 10-DM-Schein – nur mit Lupe ersichtlich.

Die Badefrauen von Wangerooge beschrieb der Gymnasiallehrer Dr. Mayer aus Oldenburg seinerzeit recht rustikal: »Diese Badeweiber waren mir eine merkwürdige Erscheinung. Ihre großen, mageren, starkknochigen Gestalten, ihr struppiges Haar, die von der ständigen Arbeit in der Sonne braun geröstete Haut, die nackten, bronzefarbenen Arme, das zerfetzte, hochaufgeschürzte Kleid, womit sie ins Wasser gehen, um die Kutschen der Damen vor- oder zurückzuschieben und ihnen nötigenfalls im Kampf mit den Wellen beizustehen, dies alles gibt ihnen ein entschieden hexenartiges Aussehen …«

Wangerooge ist die östlichste der Ostfriesischen Inseln, knapp neun Kilometer lang und hat eine Fläche von circa acht Quadratkilometern. Wangerooge hat rund 950 Einwohner, gehört zum Landkreis Friesland und ist autofrei.
Die Fährverbindungen von Harlesiel nach Wangerooge (und retour) variieren der Gezeiten wegen täglich. Auf dem Eiland angekommen, werden die Reisenden und ihr Gepäck per Inselbahn in den etwa vier Kilometer entfernten Ort transportiert; die Fahrtzeit beträgt insgesamt rund 80 Minuten; mehr unter www.wangerooge.de
Schneller ist man mit dem Flieger auf dem Eiland, der im Sommer mehrmals täglich auf dem Flugplatz in Harlesiel abhebt – Flugdauer: etwa fünf Minuten; mehr unter www.inselflieger.de
Wer mit dem Auto anreist, findet genügend Parkmöglichkeiten am Anleger. Bahnreisende steigen in Sande (Friesland) aus und dort in den ***Tidebus***, der sie samt Gepäck bis zum Anleger nach Harlesiel fährt.

Kurverwaltung Wangerooge
Strandpromenade 3, 26486 Wangerooge
www.wangerooge.de

Tourist-Service
Verkehrsverein Wangerooge
Im Bahnhofsgebäude, Telefon: 04469/94880
www.wangerooge.de

Golfen
Wangerooge ist auch für Freunde des Golfsportes ein Ziel. Der 9-Loch-Platz im Ostinnengroden mit der Adresse Im Westen 23 macht es möglich.
www.golf-wangerooge.de

Hunde
Leinenzwang gibt es auf allen Ostfriesischen Inseln. Jenseits des Strandabschnitts ***Ostfeld*** ist ein Strandbereich für Hunde ausgewiesen; im Ort gibt es an mehreren Stellen ***Hundetoiletten***.

Jugendherberge
Die Jugendherberge im alten Westturm bietet ein einzigartiges Erlebnis – wo sonst hat man diesen insularen Ausblick. Familien mit Kindern sind im naturnahen Westen der Insel ebenso willkommen wie die ***klassischen*** jungen Übernachtungsgäste

mit pädagogischer Begleitung – eine frühzeitige Anmeldung ist unerlässlich; mehr unter www.jugendherberge.de

Kinderspielorte

Für die kleinen Wangeroogegäste gibt es das Kinderspielhaus am Fußweg zum Westen mit Animation und Kreativ-Programm, die Spielplätze am Bade- und Burgenstrand und einen Abenteuerspielplatz nördlich der Tennisanlage. Auch ist von Ostern bis Oktober ein Gästekindergarten geöffnet; mehr unter www.wangerooge.de

Kulturelles

In der ***Dünenhalle*** und im Veranstaltungsraum ***Oberdeck*** findet übers Jahr ***Kulturelles*** statt – Letzterer mit Blick aufs Meer, direkt an der Strandpromenade im Servicegebäude. Veranstaltungskalender gibt es bei der Kurverwaltung; mehr unter www.wangerooge.de

Meerwasser-Erlebnisbad *Oase*

Baden bei Wind und Wetter ermöglicht ganzjährig die ***Oase***, das Meerwasser-Freizeitbad & Gesundheitszentrum an der Oberen Strandpromenade. Hier findet man auf 950 Quadratmetern Meerwasser vieles, was kleinen und großen Wasserratten Laune macht – zum Beispiel eine 74 Meter lange Rutsche. Zum Wohlfühlangebot gehört das Saunieren ebenso wie Wannenbäder oder Aquafitness.
www.wangerooge.de

Reiten

Auf Wangerooge gibt es mehrere Höfe, die Ausritte zu Pferd anbieten: Der ***Inselhof***, der Dünen- und Strandausritte im Programm hat, der Reitstall ***Eden***, auf dem auch kleinere Ponys zu Hause sind, und der Reitstall ***Janssen***, wo man sein eigenes Pferd unterstellen kann; Infos: ***Inselhof***: www.inselhof-wangerooge.de
Reitstall ***Eden***: 04469/266; Reitstall ***Janssen***: 04469/650.

Verkehr

Auf Wangerooge geht man vornehmlich zu Fuß oder fährt Rad; mehrere Vermieter sorgen für den passenden fahrbaren Untersatz.

Wassersport

Das ***Wind Specials-FunCenter*** an der Unteren Strandpromenade West bietet Kurse für alle Altersgruppen an, die das Windsurfen oder Katamaransegeln erlernen wollen; mehr unter www.windsurfing-wangerooge.de

Wattwanderungen

Geführte Erkundungen des Meeresbodens bieten in der Saison das Nationalparkhaus ***Rosenhaus*** und vier weitere Wattführer an; mehr unter www.wangerooge.de

Ostfriesische Inseln mit Wattenmeer

© Maximilian Dörrbecker